SCHROT & KORN

KOCH BUCH

Ulmer

SCHROT & KORN

KOCH BUCH

vegetarisch, vegan, saisonal

Bio leben, Bio lieben.

22 Frühling

Sobald die Obstbäume blühen, folgt früher oder später auch das erste Frühlingsgemüse. Es wächst noch nicht viel, aber das, was jetzt kommt, hat viel Charakter: Rhabarber, Spargel und später dann die ersten Erdbeeren. Auch besonders zarter Frühlingsspinat, der sich gut für Salate eignet, ist mit von der Partie und ebenso Wildkräuter wie Bärlauch, Brennnesseln, Löwenzahn oder Giersch.

66 Sommer

Der Sommer schmeckt nach Ratatouille und Provence. Sonnengereifte Paprika und Tomaten sowie junge Zucchini gibt es nun in Hülle und Fülle. Und die Saison für grüne Bohnen beginnt endlich! Auch Karotten, Kohlrabi und Fenchel kann man nun genießen. Und natürlich ist Sommerzeit Beerenzeit: Heidelbeeren, Johannisbeeren, Himbeeren, Brombeeren wachsen alle in unseren Breitengeraden.

110 *Herbst*

Im Herbst schöpfen wir aus dem Vollen und feiern Erntedank. So viel wie jetzt reif ist, kann man gar nicht auf einmal essen. Zum Glück können die meisten Gemüse- und Obstsorten gut eingelagert werden, sodass wir gut über den Winter kommen mit Kartoffeln, Zwiebeln, Sellerie, Rote Bete, Kürbis sowie Äpfeln und Birnen. Nun gibt es auch frische Waldpilze, Lauch, Zwetschgen und natürlich Weintrauben.

152 *Winter*

Im Winter wird's deftig mit der ganzen Palette von Kohlgewächsen – Weißkohl, Spitzkohl, Rotkohl, Rosenkohl, Wirsing und Grünkohl. Grünkohl oder auch „Kale" schmeckt besonders gut, wenn er einmal den Frost zu spüren bekommen hat. Auch Schwarzwurzeln haben jetzt Saison. Frisches Obst kommt nun aus dem Mittelmeerraum, wie beispielsweise Winterorangen und Mandarinen.

Schrot&Korn und seine Rezepte

„Das schmeckt… interessant!" Zugegeben: Die ersten Versuche mit Miso und Tofu in unserer Verlagsküche waren keine kulinarischen Highlights. Vollwert und Makrobiotik waren das heutige Vegan und auch wir haben uns manchmal, in den Anfangszeiten, daran die Zähne ausgebissen.

Doch Interesse an Neuem und Spaß am Ausprobieren führten schnell zu einer großen Auswahl an Rezepten und neuen Möglichkeiten. So kamen Körner und Hülsenfrüchte auf den Tisch, Grünkern und Emmer wurden wieder entdeckt. Schätze aus anderen Erdteilen wie Amaranth, Agavendicksaft und Gojibeeren haben unseren Speiseplan bereichert. Unsere große Sammlung vegetarischer Rezepte war für viele am Anfang sehr ungewohnt.

Heute, nach mehr als 30 Jahren, erreicht das Bio-Magazin Schrot&Korn jeden Monat zwei Millionen Leser. Sie schätzen einen Blick über den Tellerrand und lassen sich begeistern für Lebensmittel, die ihren Namen verdienen.

Schrot&Korn will Interesse daran wecken, wo und wie Lebensmittel produziert werden. Trends beobachten wir und setzen sie manchmal auch: So waren z.B. Beluga-Linsen nach kurzer Zeit in den meisten Bio-Läden ausverkauft, als sie in Schrot&Korn vorgestellt wurden. Die Rezepte im Magazin kommen inzwischen von Kochbuch-Autoren, Sterneköchen, Foodbloggern. Sie machen neue und alte Ernährungstrends jeden Monat zum geschmacklichen Erlebnis. Und wir tun das, was wir am besten können: Recherchieren, Ausprobieren und wenn wir sicher sind *„Das schmeckt lecker!"*, dann lesen Sie es in der nächsten Schrot&Korn.

Schöner und handlicher als die Rezepte jeden Monat aus dem Magazin auszuschneiden ist es, sie in einem Buch zu haben. Deshalb haben wir diese Sammlung an Lieblingsrezepten für Sie zusammengestellt. So sind sie immer griffbereit im Küchenregal und warten nur darauf, ausprobiert zu werden.

Ich wünsche Ihnen schöne Stunden beim Kochen und Genießen.

Sabine Kauffmann – Geschäftsführerin bio verlag –

Rezepte für alle

Es wird Sie nicht überraschen: Wir lieben Essen! Mal raffiniert, mal wie Omas Küche, mal Ferner Osten, mal einfach für jeden Tag und noch viel mehr. Immer vegetarisch, immer bio.

Seit über 30 Jahren stellen wir mit Leidenschaft in unserem Magazin Schrot&Korn Rezepte zusammen. Doch Schrot&Korn ist mehr: Als größtes Bio-Magazin Deutschlands schreiben wir für unsere mehr als zwei Millionen Leser über Themen wie gesunde Ernährung, ökologische Landwirtschaft, fairen Handel und Nachhaltigkeit.

Woher wir kommen

Die Leidenschaft liegt in unseren Wurzeln. 1978, als Start-Up-Gründer noch Idealisten oder Spinner hießen, zogen Sabine, Ronald und ihre Mitstreiter mit Kind und Kegel, Bürotischen und Schreibmaschinen in das Mehrfamilienhaus im südhessischen Schaafheim ein. Sie besaßen fast nichts weiter als eine Mission: Sie wollten die Welt ein bisschen besser machen. Dazu gründeten sie einen Verlag. Durch ihre Bücher und Zeitschriften sollten Menschen für eine nachhaltige Lebensweise und eine gesunde, ursprüngliche Ernährung begeistert werden. Es war die Zeit, in der die industrielle Landwirtschaft ihre ersten Schatten warf.

Wie die Verlagsgründer machten sich in den 1970er- und 1980er-Jahren viele auf den Weg. Vom niedersächsischen Buxtehude bis zum 3000-Seelen-Ort im Allgäu stürzten sich Menschen mutig in ein neues Leben. Viele setzten für ihre Idee alles auf eine Karte, kauften sich zusammen mit anderen einen alten Bauernhof oder einen klapprigen VW-Bus und wurden so über Nacht zu Bio-Bauern, Naturkosthändlern oder Produzenten. Ihnen gemeinsam war der Wunsch, Lebensmittel umweltfreundlicher herzustellen, als es üblich war. Die Zeit war kritisch und politisch. Damals wurde der Grundstein für das Bio von heute gelegt: Das, was in den 1980er-Jahren gelebt wurde, floss später in die erste Bio-Gesetzgebung mit ein.

Inzwischen ist die aufregende Gründerzeit der Bio-Branche vorbei. Waren es 1972 gerade mal eine Handvoll Bio-Läden hierzulande, gibt es mittlerweile Tausende alleine in Deutschland. Die Nachfrage nach ökologischen Produkten ist riesig. Darüber freuen wir uns sehr, denn seit 30 Jahren begleitet Schrot&Korn diese Bewegung, die sich im Laufe der Zeit zum Mainstream entwickelt hat. Früher wie heute möchten wir durch unsere Themen Menschen für eine nachhaltige Lebensweise begeistern.

Bis eine Schrot&Korn in Druck geht wird viel diskutiert – und gelacht.

Wie wir leben ...

Ob nachhaltiger Konsum, die Liebe zur Umwelt oder soziales Engagement – das, worüber wir schreiben, leben wir auch. Sicherlich geht immer noch ein bisschen mehr, aber der Wille zur Veränderung begleitet uns noch immer.

Von Anfang an wird Schrot&Korn auf Recyclingpapier gedruckt. Wo durch die Produktion unserer Zeitschriften CO_2-Emissionen entstehen, werden sie mit Klimazertifikaten ausgeglichen. Auf unserem Dach gibt es eine Fotovoltaikanlage und der komplette Verlag läuft mit Öko-Strom. Auch beim Konsum denken wir an die Umwelt: ob Putzlappen, Kugelschreiber oder Toilettenpapier – wir entscheiden uns fast immer für die Öko-Variante.

Seit einigen Jahren gehören fünf Bienenvölker zur Belegschaft unseres Verlages. Und die summenden Kollegen fühlen sich sichtlich wohl. Kein Wunder, bietet unser Gelände doch auch alles, was Bienen besonders gut schmeckt: Krokusse, Obstblüten, Akazien und Linden. Als Dankeschön produzieren sie leckersten Verlagshonig – regional und frei von Pestiziden oder Gentechnik. Damit sind die Bienen die besten Botschafter für unsere langjährige Kampagne gegen Gentechnik *„Genfood? Nein danke!"*.

Jeden zweiten Monat treffen sich alle Verlagsmitarbeiter. Dann stehen wichtige Themen und Entscheidungen auf der Tagesordnung.

Fünf Bienenvölker gehören zu unserer Belegschaft. Und viele Tiere – unserem Öko-Garten sei Dank.

Rund um unser Verlagsgebäude wächst und gedeiht ein richtiger Öko-Garten – mit Nistkästen für Meisen und Mauersteinkörben, in denen sich Zauneidechsen wohlfühlen. Und unser kleiner Teich gefällt ganz besonders Fröschen und Enten, die uns regelmäßig besuchen.

Was uns außerdem am Herzen liegt, ist unsere Stiftung *Natur. Mensch.Kultur*, die ökologische Projekte weltweit und lokal unterstützt. Seit 2009 sind wir Teil der bundesweiten Initiative *„BioBrotBox"*, die Schulanfängern ein gutes, ökologisches Frühstück schenkt. Schon mehrmals wurden wir für unsere Familienfreundlichkeit ausgezeichnet. Kein Wunder also, dass bei uns mehr Frauen als Männer arbeiten. Obwohl sich das gerade wandelt …

Doch egal, ob Mann oder Frau, alle haben das gleiche Mitbestimmungsrecht, das komplett bei den Mitarbeitern liegt. Seit einigen Jahren liegt der Verlag in Mitarbeiterhand. Das bedeutet, dass die wichtigen Entscheidungen durch die Mitarbeiter getroffen werden. Dazu werden alle ausführlich von der Geschäftsführung

Alle packen an: Auch ein Öko-Garten braucht Pflege.

Das Motto von 1978 gilt noch heute: Gemeinsam ökologisch handeln!

(übrigens die Sabine von 1978) informiert und können so gemeinsam per Abstimmung entscheiden. Für viele Unternehmer ist dies vielleicht ein Schreckensszenario, für uns gelebte Tradition. Sind die Gründer doch einst angetreten, um auf Augenhöhe und respektvoll miteinander zu arbeiten.

... was wir lieben

Wenn es nach uns ginge, stünde Schlemmen auf unserer Tagesordnung. Deshalb heißen alle Verlagsmitarbeiter auch jeden Monat die neueste Ausgabe von Schrot&Korn mit einem kleinen Imbiss willkommen. Auf den Tisch kommen dabei nur Schrot&Korn-Rezepte und werden mit genüsslichen „Mmmh!"-

und „Lecker"-Bekundungen belohnt. Weil dieses monatliche Er-
eignis für unseren Appetit natürlich viel zu selten ist, wurde das
Dienstagessen eingeführt. Einmal in der Woche essen wir miteinander zu Mittag. Natürlich alles bio, vegetarisch und vegan.
Ab 12 Uhr zieht dann ein feiner Essensgeruch durch den Verlag
und lockt eine Schar von hungrigen Kollegen vom Bildschirm
hinunter in unsere Caféteria.

Und irgendwer hat im Verlag immer Geburtstag, ist Vater oder
Mutter geworden oder hat am Wochenende ein Schrot&Korn-
Rezept ausprobiert oder einfach mal so einen veganen Kuchen
gebacken. Denn Selbstgemachtes lieben wir alle. Und Vitamine
bekommen wir durch das Obst aus unserer Bio-Kiste, aus der
jeder Mitarbeiter naschen darf. All das zeigt, was uns beim Essen
wichtig ist: Gesunde und frische Lebensmittel, ökologisch und
saisonal.

Das wünschen wir uns

Dass Sie ganz viele Lieblingsrezepte finden!
Blättern Sie los, entdecken Sie Neues oder
Altgeliebtes. In unserem Kochbuch haben
wir das Beste aus 30 Jahren Schrot&Korn
zusammengestellt.

Wir sind immer sehr dankbar für Feedback.
Wenn Sie also Fragen zu den einzelnen
Rezepten oder Verbesserungsvorschläge
haben, können Sie diese gerne auf unserer
Internetseite *www.schrotundkorn.de* los-
werden.

*Schrot&Korn-
Redakteurinnen
suchen die besten
Rezepte aus.*

Und wenn Sie nicht genug von unseren Leckereien bekommen
können, holen Sie sich einfach jeden Monat die neueste Ausgabe
unseres Bio-Magazins in Ihrem Naturkostladen um die Ecke. Und
Schrot&Korn gibt es auch im Abo. So bekommen Sie regelmäßig
Infos rund um Bio und viele leckere Rezepte – für das tägliche
„Mmmhh"-Gefühl.

Vegetarisch und vegan

Schrot&Korn steht für vegetarische Rezepte – und das schon von Anfang an, also seit über 30 Jahren. Der Zeitgeist damals war „Fleisch ist ein Stück Lebenskraft", vegetarische Rezepte gab es kaum.

Unser Motto: Weniger Fleisch, aber dafür hochwertig.

Mit unserer Entscheidung für vegetarische Rezepte stellen wir uns aber nicht gegen Fleisch generell, sondern gegen den übermäßigen Verzehr. Die konventionelle Massentierhaltung, die in der Regel daraus resultiert, finden wir äußerst problematisch. Sei es wegen der Art, wie die Tiere gehalten werden, oder wegen der Umweltprobleme, die der extreme Soja-Anbau für Futtermittel mit sich bringt. Wir möchten Alternativen aufzeigen und Lust darauf machen, öfter mal auf Fleisch zu verzichten. Auch, weil es gesünder ist. Wenn es Fleisch sein soll, dann natürlich aus ökologischer Tierhaltung.

Heute sind vegetarische Rezepte eine Selbstverständlichkeit. Immer mehr Menschen ernähren sich sogar vegan. Sie verzichten nicht nur auf Fleisch und Fisch, sondern auch auf Milch, Käse, Honig und Eier. Eine Entwicklung, die wir auch mit Schrot&Korn begleiten. Im Rezeptteil finden Sie deshalb auch viele vegane Leckereien zum Nachkochen.

INFOS ZU DEN REZEPTEN

Alle Rezepte in diesem Buch sind entweder vegetarisch oder vegan und entsprechend der Jahreszeiten sortiert, beginnend mit dem Frühling. Vorn stehen jeweils die Suppen, dann kommen Salate, kalte Gerichte, anschließend folgen die Hauptgerichte und zuletzt die Desserts und Kuchen.

Hauptsache saisonal

Die gesamte bunte Vielfalt von Obst und Gemüse kann man am allerbesten genießen, wenn Sie Früchte, Knollen und Grünzeug auf dem Höhepunkt seiner Reife essen. Die Generationen vor uns haben sich alle nach diesem Prinzip ernährt, weil der Transport schlichtweg viel zu teuer und aufwändig war – geerntet wurde innerhalb der Saison, und das, was man nicht auf einmal aufessen konnte, wurde in irgendeiner Art und Weise konserviert: milchsauer vergoren, getrocknet, eingekocht etc. Auf die heutige Zeit übertragen, würde dies bedeuten, im Winter auf Tomaten zu verzichten oder auf Dosen-Tomaten auszuweichen.

Heimische, knackig-frische Buschbohnen im Juli sind ein Gedicht. Und je weiter das Jahr voranschreitet, werden aus feinen Böhnchen irgendwann holzige, trockene Bohnenstängel, und man merkt: Die Zeit ist vorbei. Früher Rhabarber stammt in der Regel aus dem Treibhaus und das schmeckt man: Treibhaus-Rhabarber hat nicht so ein intensives Aroma wie Freilandware, die etwa ab April bei uns zu haben ist.

Gemüse schmeckt am besten, wenn es Saison hat.

Gerichte mit saisonalen Zutaten schmecken einfach besser.

Der Reifegrad von Obst und Gemüse unterliegt auch natürlichen Schwankungen der Jahreszeiten. Lässt der Frühling auf sich warten, kommt auch der Spargel später in den Handel bzw. erst nur solcher, der mithilfe unterirdischer Heizschlangen entsprechend früher geerntet werden kann. Dieser Spargel ist in der Regel teurer, weil die Energie, die eingesetzt wird, bezahlt werden muss. So ist der Preis auch immer ein Indikator dafür, wann gerade was Saison hat. Saisonal einzukaufen schont nicht nur unsere Umwelt, sondern auch den Geldbeutel.

Noch ein Pluspunkt

Wird Gemüse außerhalb der Saison gezüchtet, geht das meist nur im Treibhaus, weil die erforderlichen Temperaturen fehlen. Treibhaus-Gemüse schmeckt nicht nur fader als Freilandgemüse, sondern enthält auch mehr Nitrat. Warum? Weil Treibhaus-Gemüse weniger Licht abbekommt, das die Pflanzen aber benötigen, um Nitrat abzubauen.

Grundsätzlich ist Bio-Gemüse aus dem Treibhaus weniger mit Nitrat belastet als solches aus der konventionellen Landwirtschaft, weil im Ökolandbau kein künstlicher Stickstoffdünger eingesetzt wird. Das Problem ist übrigens gar nicht das Nitrat selbst, sondern, dass es in das giftige Nitrit umgewandelt werden kann. Nitrit ist sehr reaktionsfreudig und kann zusammen mit Eiweißstoffen (z. B. aus anderen Lebensmitteln wie Käse) die stark krebserregenden Nitrosamine bilden.

AHA!

Insbesondere Kopfsalat, Feldsalat, Spinat, Rote Bete, Radieschen, Rettich, Kohlrabi und Mangold speichern Nitrat am stärksten und hier gilt: saisonal geerntet, ist der Nitratgehalt am niedrigsten.

Darum Bio

Für Schrot&Korn ist die ökologische Landwirtschaft die Alternative, die aus unserer Sicht entscheidend zu einer nachhaltigen Zukunft beiträgt. Sie schützt unsere Umwelt und unsere Gesundheit:

→ Keine Pestizide! Anders als in der konventionellen Landwirtschaft sind im ökologischen Anbau synthetische Pestizide verboten. Der Grund: Die oft hochgiftigen und gesundheitsgefährdenden Stoffe gelangen ins Obst und Gemüse, landen im Boden und damit auch im Grundwasser. Anders bei Bio: Wer ökologisch erzeugte Lebensmittel kauft, tut gleichzeitig etwas für seine Gesundheit und für die Umwelt.

Lecker Lauch: Ein Rezept damit finden Sie auf Seite 139.

Öko-Landbau schafft Lebensräume – für Schmetterlinge und Blumen.

◗ Keine Nitrate! Weil Bio-Bauern bei ihrer Arbeit auch auf den Einsatz von Kunstdünger verzichten, schützt die ökologische Landwirtschaft ganz gezielt vor giftigen Nitraten im Grund- und Trinkwasser. Das schont nicht nur die Natur, sondern spart der Gesellschaft zugleich mehrere Milliarden Euro jährlich, die die Reinigung des Wassers kostet.

◗ Größere Artenvielfalt! Naturschutz und Biodiversität sind fester Bestandteil des Öko-Landbaus. So verzichten Bio-Bauern weitestgehend auf Chemikalien, sie achten bei ihren Fruchtfolgen auf Vielfalt und erhalten Lebensräume für Tiere und Pflanzen, indem sie beispielsweise Hecken oder Streuobstwiesen anlegen. Deshalb wachsen auf und an Öko-Äckern deutlich mehr wilde Pflanzenarten als in der konventionellen Landwirtschaft. Das wiederum freut Vögel und Insekten.

◗ Keine Gentechnik! In Bio-Lebensmitteln stecken keine gentechnisch veränderten Organismen. Und das aus gutem Grund: Neben den immer noch zu wenig erforschten Risiken geht der Anbau solcher Pflanzen oft mit einem enormen Einsatz von Pestiziden und Herbiziden einher.

◗ Faires Miteinander! Viele Naturkost-Hersteller pflegen ein partnerschaftliches Verhältnis zu ihren Rohstoff-Lieferanten und achten darauf, insbesondere mit lokalen Bauern zusammenzuarbeiten – und das zu fairen Preisen.

➡ Mehr Tierwohl! Tiere in Bio-Ställen leben häufig besser als in konventionellen Betrieben. Sie haben mehr Platz, dürfen ins Freie und leben in kleineren Gruppen. Und auch das systematische Enthornen, Schneiden von Schwänzen oder Stutzen der Schnäbel ist in der Öko-Tierhaltung verboten. Antibiotika dürfen nur in Ausnahmefällen eingesetzt werden.

➡ Weniger Zusatzstoffe! Zwar sind ökologische Lebensmittel nicht ganz frei von davon, doch kommen in ihnen gerade mal 48 der über 300 in der EU zugelassenen Zusatzstoffe für Lebensmittel vor. Anders als in nicht-ökologischen Produkten sind bei Bio außerdem künstliche Farbstoffe, Süßstoffe, Geschmacksverstärker und Stabilisatoren verboten.

STRENG KONTROLLIERT

Bio-Lebensmittel sind überhaupt die am strengsten kontrollierten Lebensmittel in Deutschland, und davon profitiert auch unsere Gesundheit: Gemüse aus biologischer Landwirtschaft ist seltener mit Nitrat, Rückständen aus Kunstdünger und Pflanzenschutzmittel belastet.

Warum regional?

Im Gegensatz zu „bio" ist „regional" kein geschützter Begriff, dazu ist er auch nicht definiert, was die Sache etwas unübersichtlich macht. Lebensmittel aus der Region zu kaufen ist aber, besonders wenn es gleichzeitig Bioprodukte sind, die beste Kombination überhaupt, um unsere Umwelt zu schützen. Bei den Transporten unserer Lebensmittel werden Unmengen des Treibhausgases Kohlendioxid in die Luft gepustet. Wenn wir beispielsweise in den Wintermonaten mehr heimisches Gemüse auf den Tisch bringen tun wir einiges fürs Klima. Das schöne an regionalem Bio ist auch, dass man die Vorteile, die der ökologische Landbau mit sich bringt, direkt vor der eigenen Haustür hat – sauberes Trinkwasser zum Beispiel oder weniger Pestizide in der Umwelt.

Das brauchen Sie

Eins, zwei, drei – alles keine Zauberei... So manches Zubehör kann Ihnen das Kochen erleichtern – egal ob für zwei Personen oder gleich für die Großfamilie.

Dampfdrucktopf: Wer Hülsenfrüchte liebt und regelmäßig zubereitet, sollte über die Anschaffung eines Dampfdrucktopfs nachdenken. In ihm garen getrocknete und zuvor eingeweichte Linsen, Bohnen oder Kichererbsen innerhalb von zehn Minuten. Ohne Einweichzeit brauchen Hülsenfrüchte etwa eine gute Stunde. Da der Wasserdampf eine Temperatur von bis zu 120 °C erreicht, gehört hier nur Festes wie Hülsenfrüchte, Getreide oder Reis bzw. Großes wie Kartoffeln oder Rote Bete hinein.

Gemüsereibe: Eine Reibe mit scharfen Aufsätzen zum Wechseln oder eine Vierkantreibe sind unerlässlich für Rohkost, zum Reiben von rohen oder Rädeln von gekochten Kartoffeln. Zum Zerkleinern großer Mengen Obst oder Gemüse ist eine Küchenmaschine mit entsprechender Reibescheibe prima.

Getreidemühle: Kein Muss, aber toll, wenn man sein Korn selbst mahlen kann, denn frisch gemahlenes Korn ist am wertvollsten. Für kleine Mengen Schrot, z. B. für Grünkernfüllungen reicht unter Umständen auch eine Handmühle. Wer aber regelmäßig Vollkornmehl, z. B. für Brot oder Kuchen benötigt, ist besser mit einer elektrischen Mühle bedient. Die gibt es mit unterschiedlichen Mahlwerken. Diejenigen aus Stahl zerkleinern auch Ölsaaten wie beispielsweise Mohn, produzieren aber kein ganz feines Mehl. Mahlwerke aus Stein haben Probleme mit Ölsaaten und Nüssen, weil sie verschmieren. Sie mahlen dafür aber fein-pudriges Vollkornmehl.

*Für Rohkost ganz wichtig:
eine gute Reibe.*

Handrührgerät: Ein Muss zum Kneten von Teig. Wer eine Küchenmaschine besitzt, kann, während das Gerät rührt, knetet oder schlägt noch andere Küchenarbeiten erledigen. Manche Vorgänge dauern ihre Zeit, beispielsweise Hefeteig kneten oder Butter und Zucker für Kuchen sehr ausgiebig rühren, bis die Mischung so fluffig ist wie Schlagsahne. Dann ist es prima, wenn man nicht die ganze Zeit dabei stehen muss.

Stabmixer: Sogenannte Stabmixer oder Zauberstäbe erleichtern das Leben ungemein. Nicht nur cremige Suppen, sondern auch diverse Brotaufstriche aus gekochten Kichererbsen oder Linsen kann man mit ihnen problemlos herstellen. So leistungsfähig wie eine Küchenmaschine sind ihre Motoren allerdings nicht. Ist die Masse zu fest, wie z. B. bei einem Dattelaufstrich, kann ein Stabmixer auch mal schlapp machen.

Tagine: Eine Tagine ist ein Tongefäß mit Deckel, in dem man nordafrikanische Schmor- oder Eintopfgerichte zubereitet, die ebenfalls als „Tagine" bezeichnet werden. Die Zubereitung ist kinderleicht: Man schichtet alle Zutaten hinein, gibt Flüssigkeit hinzu und gart entweder klassisch auf dem Holzkohlefeuer – prima, wenn man im Freien kochen möchte – oder auf dem Herd bzw. im Backofen. Zum Servieren einfach den Deckel abnehmen und das Tongefäß auf den Tisch stellen. Alternativ können Sie auch einen Römertopf oder einen einfachen Schmortopf verwenden.

ABKÜRZUNGEN

kcal	Kilokalorien
F	Fett
E	Eiweiß
KH	Kohlenhydrate
g	Gramm
l	Liter
ml	Milliliter
EL	Esslöffel
TL	Teelöffel

Frühling

*Jetzt haben Wildkräuter wie Bärlauch, Löwen-
zahn, Brennnesseln und Giersch Hochsaison.
Das erste Frühlingsgemüse hat viel Charakter:
Rhabarber, Spargel und später die
ersten Erdbeeren. Auch zarter
Frühlingsspinat ist mit von
der Partie.*

Japanische Spinatsuppe mit Udon

Exotisch, vegan

- 250 g Udon-Nudeln
- 300 g Spinat
- 3 Frühlingszwiebeln
- 8 kleine Shiitakepilze
- 1 l Gemüsebrühe
- 3–4 EL Misopaste
  (z. B. Hatcho oder
  Genmai Miso)
- 2–3 EL Shoyu (Sojasoße)
- 1 EL geröstetes Sesamöl
- Cayennepfeffer,
  gemahlen

☆ Für 4 Portionen

🕒 Zubereitungszeit: 20 Min.

⊘ Pro Portion: 310 kcal;
6 g F, 14 g E, 51 g KH

❶ Nudeln nach Packungsanweisung in kochendem Wasser garen. Abtropfen lassen und auf 4 Schalen verteilen.

❷ Den Spinat waschen, trocken schütteln und in 2 cm große Streifen schneiden. Die Frühlingszwiebeln waschen, putzen und in feine Ringe schneiden. Pilzstiele abschneiden und Pilzkappen über Kreuz einritzen.

❸ Brühe mit Shiitakepilzen aufkochen. 3 Minuten köcheln lassen. Spinat zugeben, weitere 2 Minuten kochen. 1 Tasse Brühe abnehmen und Misopaste einrühren, bis sie sich aufgelöst hat. Wieder zur Suppe geben, nicht mehr kochen lassen. Suppe mit Shoyu, Sesamöl und nach Geschmack mit Cayennepfeffer würzen und über die Nudeln geben.

TIPP

Udon-Nudeln sind eine Spezialität der japanischen Küche, hergestellt aus Weizenmehl, Salz und Wasser.

Kartoffel-Brunnenkresse-Suppe

Einfach

- 1 großer Bund Brunnen-kresse (ca. 250 g)
- Meersalz
- 1 Knoblauchzehe
- 500 g mehlig kochende Kartoffeln
- 1 EL Butter
- 1,2 l Gemüsebrühe
- 200 g Sahne
- schwarzer Pfeffer, frisch gemahlen
- 50 ml Bratöl zum Frittieren

☆ Für 4 Portionen

🕒 Zubereitungszeit: 15 Min. + 25 Min. Garzeit

⊘ Pro Portion: 325 kcal; 24 g F, 6 g E, 22 g KH

❶ Brunnenkresseblätter waschen, putzen, trocken schütteln und in kochendem Salzwasser kurz blanchieren. (Die Stiele beiseitelegen.) In ein Sieb gießen und in Eiswasser abschrecken. Dann die Blätter ausdrücken, fein hacken und mit einem Stabmixer und etwas kaltem Wasser fein pürieren.

❷ Brunnenkressestiele hacken, Knoblauch in Scheiben schneiden.

❸ Kartoffeln schälen und waschen. 150 g fein würfeln und mit kaltem Wasser bedecken.

❹ Die restlichen Kartoffeln grob würfeln und mit Kresse-stielen und Knoblauch in Butter anschwitzen. Brühe angießen, aufkochen und 20 Minuten leicht köcheln lassen.

❺ Sahne hinzufügen, Suppe weitere 5 Minuten köcheln lassen. Mit einem Stabmixer fein pürieren und mit Salz und wenig Pfeffer abschmecken.

❻ Die Kartoffelwürfelchen abgießen, trocken tupfen und in einer Pfanne in Öl ausbacken. Dann auf Küchenpapier geben, pfeffern und salzen. Brunnenkressepüree unter die Suppe rühren und mit den Kartoffelwürfelchen servieren.

Gefüllte Eihälften im Wildkräuternest

Kleiner Snack

- 6 Eier
- 1 Zwiebel
- 2 Knoblauchzehen
- 30 g Ingwer
- 80 ml Apfelessig
- 500 ml Rote-Bete-Saft
- Meersalz
- 40 g Haselnüsse
- 2 Frühlingszwiebeln
- 2 Handvoll Wildkräuter
- 2 EL mittelscharfer Senf
- 2 EL Mayonnaise
- 1 EL Joghurt
- schwarzer Pfeffer, frisch gemahlen
- 3 EL Olivenöl

- - - - - - - - - - - - - - - - - - - -

☆ Für 12 Stück

- - - - - - - - - - - - - - - - - - - -

◔ Zubereitungszeit: 30 Min.
  + ca. 1 Stunde Marinierzeit

- - - - - - - - - - - - - - - - - - - -

⊘ Pro Stück: 130 kcal;
  10 g F, 5 g E, 5 g KH

❶ Eier in kochendem Wasser ca. 10 Minuten hart kochen, dann abschrecken und in kaltem Wasser auskühlen lassen.

❷ Zwiebel, Knoblauch und Ingwer schälen. Zwiebel fein würfeln, Knoblauch und Ingwer fein hacken. Essig, Rote-Bete-Saft, 150 ml Wasser und 25 g Salz zugeben und aufkochen. 2 Minuten köcheln lassen, dann vom Herd nehmen. Eier pellen und in den Sud geben und 1 Stunde ziehen lassen.

❸ Die Haselnüsse hacken und in einer Pfanne ohne Fett rösten. Abkühlen lassen. Frühlingszwiebeln waschen, putzen und in feine Ringe schneiden. 4 EL für die Garnitur beiseitelegen. Wildkräuter waschen und trocken schütteln.

❹ Die Eier aus dem Sud nehmen und längs halbieren. Das Eigelb herauslösen und mit Nüssen, Frühlingszwiebeln, Senf, Mayonnaise und Joghurt verrühren. Mit Salz und Pfeffer würzen.

❺ Die Creme in die Eier füllen und mit den Frühlingszwiebeln bestreuen. Wildkräuter auf kleinen Tellern anrichten. Nach Geschmack mit etwas Öl beträufeln und die Eier darauf setzen.

Erdbeer-Spinat-Salat

Raffiniert

- 120 g rote Linsen
- Meersalz
- 350 g weißer Spargel
- 250 g grüner Spargel
- 1 Prise Rohrohrzucker
- 5 EL Olivenöl
- 3 EL Zitronensaft
- 2 TL abgeriebene Zitronenschale
- 1 EL Honig
- schwarzer Pfeffer, frisch gemahlen
- 200 g Erdbeeren
- 80 g Spinatblätter
- 40 g geröstete Haselnüsse, grob gehackt

☆ Für 4 Portionen

⏲ Zubereitungszeit: 40 Min. + 20 Min. Garzeit

⊘ Pro Portion: 370 kcal; 22 g F, 12 g E, 28 g KH

❶ Linsen in Salzwasser bei mittlerer Hitze 8–10 Minuten garen. Abtropfen und auskühlen lassen.

❷ Weißen Spargel schälen. Grünen Spargel im unteren Drittel schälen. Enden abschneiden. Weißen Spargel in Salzwasser mit dem Zucker in 10 Minuten bissfest garen. 5 Minuten vor Ende grünen Spargel zugeben. Abtropfen und auskühlen lassen. In 3 cm lange Stücke schneiden.

❸ Öl, Zitronensaft, Zitronenabrieb und Honig glatt rühren. Mit Spargel und Linsen mischen. Salzen und pfeffern. 20 Minuten ziehen lassen, ab und zu umrühren.

❹ Erdbeeren waschen, putzen und vierteln. Spinat waschen und putzen. Erdbeeren, Spinatblätter und Haselnüsse untermischen. Sofort servieren.

Puy-Linsen-Salat

Vegan

- 150 g Puy-Linsen
- 160 g Mandeln
- 1 EL Ahornsirup
- 2 EL Zitronensaft
- 1 EL mittelscharfer Senf
- 3 EL Olivenöl
- 1 rote Zwiebel
- 6 Radieschen
- 200 g Karotten
- 2 Mini-Salatgurken
- Meersalz
- schwarzer Pfeffer, frisch gemahlen

☆ Für 4 Portionen

⏱ Zubereitungszeit: 20 Min. + 30 Min. Garzeit

⊘ Pro Portion: 480 kcal; 32 g F, 18 g E, 31 g KH

❶ Die Linsen nach Packungsanweisung 20–30 Minuten garen. Gut abtropfen und auskühlen lassen. Mandeln grob hacken und in einer Pfanne ohne Fett rösten. Für die Soße Ahornsirup, Zitronensaft, Senf, 2 EL heißes Wasser und Öl verrühren.

❷ Zwiebel klein schneiden. Radieschen waschen, putzen und fein würfeln. Radieschen und Zwiebeln unter die Soße mischen.

❸ Karotten schälen und in feine Scheiben hobeln. Gurken waschen und mit einem Sparschäler längs hobeln. Ausgekühlte Linsen mit Gemüse und Soße mischen. Den Salat kräftig mit Salz und Pfeffer würzen.

Rohkost mit Hüttenkäse

Frisch und leicht

Salatsoße
- 1 Bund Estragon
- ½ Bund Kerbel
- 3–4 EL Marillenessig (alternativ Apfel-Balsamico)
- 2 EL Ahornsirup
- Meersalz
- schwarzer Pfeffer, frisch gemahlen
- 4 EL Haselnussöl
- 4 EL Traubenkernöl

Salat
- 2 Karotten
- 2 Kohlrabi
- 4 Stangen Staudensellerie
- 1 Bund Radieschen
- 4 EL Haselnüsse
- 1 EL Haselnussöl
- 6 EL Hüttenkäse

❶ Für die Salatsoße Estragon- und Kerbel waschen, zupfen und die Blättchen fein hacken. (2 EL Estragonblättchen beiseitelegen). Alle Zutaten für das Dressing in eine kleine Schüssel geben und mit einem Schneebesen verrühren, bis die Soße eine homogene Konsistenz hat.

❷ Für den Salat Karotten, Kohlrabi und Staudensellerie schälen. Die Radieschen waschen und putzen. Karotten, Kohlrabi, Staudensellerie und Radieschen mit einem Gemüsehobel in hauchdünne Scheiben hobeln. Die Haselnüsse grob hacken und im Haselnussöl in einer Pfanne bei mittlerer Temperatur rösten, bis sie goldbraun sind.

❸ Das Gemüse mit der Salatsoße anmachen und 10 Minuten marinieren, anschließend mit Hüttenkäse, Haselnüssen und Estragonblättchen servieren.

☆ Für 4 Portionen

⏱ Zubereitungszeit: 20 Min.

⊘ Pro Portion: 505 kcal; 41 g F, 12 g E, 23 g KH

Türkische Spinat-Eierpfanne

Herzhaft-würzig

- 400 g Spinat
- 1 Zwiebel
- 2 Knoblauchzehen
- 2 EL mildes Ajvar
- 200 g gegarte Kichererbsen (Glas)
- 2–3 EL Öl
- Meersalz
- Pfeffer, frisch gemahlen
- etwas Muskatnuss, frisch gerieben
- 4 sehr frische Eier
- 1 türkisches Fladenbrot

☆ Für 4 Portionen

🕐 Zubereitungszeit: 30 Min.

⊘ Pro Portion: 210 kcal; 17 g F, 12 g E, 5 g KH

❶ Spinat waschen und putzen. Große Blätter grob zerkleinern. Zwiebel würfeln und Knoblauch fein hacken. Ajvar mit gut abgetropften Kichererbsen mischen.

❷ Öl in einer Pfanne erhitzen. Zwiebel und Knoblauch darin kurz anschwitzen. Kichererbsen und Spinat zugeben. Unter Wenden kurz mitgaren. Mit Salz, Pfeffer und Muskat würzen.

❸ Eier aufschlagen und vorsichtig auf den Spinat gleiten lassen. Den Deckel auf die Pfanne geben. Eier bei mittlerer Temperatur stocken lassen. Das Fladenbrot im Backofen kurz aufbacken. Die türkische Spinat-Eierpfanne mit dem warmen Fladenbrot servieren.

Blini mit Belugalinsen

Veganes Fingerfood

- 100 g Belugalinsen
- 1 EL mittelscharfer Senf
- 1 EL Öl
- Meersalz
- schwarzer Pfeffer, frisch gemahlen
- 100 g Buchweizenmehl
- 100 g Dinkelmehl Type 1050
- 1 TL Agavendicksaft
- 15 g frische Hefe
- 2–3 EL Sojajoghurt
- 6 EL Bratöl
- 200 g Sojasauerrahm
- je 2 EL Schnittlauchröllchen und Kerbelblätter

☆ Für 12 Stück

⏲ Zubereitungszeit: 30 Min. + 45 Min. Gehzeit

⊘ Pro Stück: 130 kcal; 6 g F, 4 g E, 17 g KH

❶ Linsen nach Packungsanweisung garen und in ein Sieb abgießen. Mit Senf und Öl verrühren. Mit Salz und Pfeffer würzen.

❷ Beide Mehlsorten mit 1 Prise Salz in einer Schüssel mischen. 250 ml lauwarmes Wasser mit Agavendicksaft, Hefe und Sojajoghurt glatt rühren. Mehl zugeben und mithilfe des Handrührgeräts zu einem zähflüssigen Teig verquirlen. Teig zugedeckt ca. 45 Minuten gehen lassen.

❸ Anschließend den Teig durchrühren. Eine beschichtete Pfanne erhitzen. Jeweils 1 EL Öl hineingeben und darin nacheinander bei mittlerer Hitze Blinis backen.

❹ Sojasauerrahm mit Salz und Pfeffer würzen. Auf jeden Blini etwas Sauerrahm und Linsen geben. Kräuter darüber streuen und sofort noch warm servieren.

Karottentarte mit Ziegenkäse

Gut vorzubereiten

- 4 Dinkel-Blätterteig-platten (200 g)
- 1 rote Zwiebel
- 2 EL Olivenöl
- 200 g verschiedenfarbige Karotten (nach Geschmack)
- 150 g Ziegenfrischkäse
- 3 EL mittelscharfer Senf
- Butter für die Form
- 2 Zweige Zitronenthymian
- Meersalz
- schwarzer Pfeffer, frisch gemahlen
- 1 EL Ahornsirup

☆ Für 4–6 Portionen (1 Form 35 × 12 cm oder rund 24 cm)

🕒 Zubereitungszeit: 30 Min. + 25–30 Min. Backzeit

⊘ Pro Portion (bei 6 Portionen): 285 kcal; 23 g F, 5 g E, 16 g KH

❶ Blätterteigplatten nebeneinander auf leicht bemehlter Arbeitsfläche auftauen lassen.

❷ Zwiebel in Spalten schneiden und in 1 EL Öl in einer Pfanne 1–2 Minuten anbraten.

❸ Karotten waschen und in ca. 3 mm dicke Scheiben schneiden. Frischkäse mit Senf verrühren. Blätterteig passgenau aufeinanderlegen und auf ca. 38 × 15 cm ausrollen. In die mit Butter gefettete Form legen. Rand leicht andrücken. Mit einer Gabel mehrmals einstechen. Mit Käsemischung bestreichen, mit Karotten und Zwiebeln belegen. Mit Thymianblättchen bestreuen.

❹ Die Karottentarte im vorgeheizten Backofen bei 200 °C Ober- / Unterhitze auf unterster Schiene 25–30 Minuten backen. Mit Salz und Pfeffer würzen. Mit Ahornsirup und restlichem Öl beträufeln. Warm servieren.

Chana Masala

Vegan

- 300 g Kichererbsen
- 1 Zwiebel
- 20 g Ingwer
- 3 Knoblauchzehen
- 2 EL Bratöl
- ½ TL Chiliflocken
- 1 TL Koriander, gemahlen
- 1 TL Kreuzkümmel
- 400 g gewürfelte Tomaten (Dose)
- 400 g Kokosmilch
- 1 Mango
- 100 g Babyspinat
- Meersalz
- Garam Masala (Gewürzmischung)

☆ Für 4 Portionen

⏱ Zubereitungszeit: ca. 2 Std. + 8 Std. Einweichzeit

⊘ Pro Portion: 375 kcal; 13 g F, 16 g E, 49 g KH

❶ Kichererbsen über Nacht in reichlich kaltem Wasser einweichen. Am nächsten Tag abspülen und abtropfen lassen. In frischem Wasser nach Packungsanweisung (ca. 1 – 1½ Stunden) gar kochen.

❷ Zwiebel würfeln. Ingwer waschen. Knoblauch und Ingwer fein hacken. Kichererbsen abtropfen lassen. Öl in einem Topf erhitzen und darin die Zwiebel anschwitzen. Ingwer und Knoblauch kurz mitbraten. Gewürze zugeben, kurz anrösten. Kichererbsen, Tomaten und Kokosmilch zugeben. Aufkochen und 15 Minuten köcheln lassen.

❸ Mango schälen und das Fruchtfleisch vom Stein schneiden. Grob würfeln. Spinat waschen und trocken schütteln.

❹ Mango und Spinat zu den Kichererbsen geben. Aufkochen und 3 Minuten köcheln lassen. Mit Salz und Garam Masala würzen.

Spinat-Pfannkuchen

Schmeckt Kindern

- 30 g Butter
- 100 g junger Spinat
- 350 ml Milch
- 4 Eier
- 200 g Dinkelvollkornmehl
- Meersalz
- 250 g Ziegenweichkäse
- 600 g Karotten
- 1 Knoblauchzehe
- 3 EL Olivenöl
- 250 ml Orangensaft
- 1 EL grober Senf
- 2 TL Honig

☆ Für 10 Stück

◔ Zubereitungszeit: 30 Min.
+ 30 Min. Garzeit

⊘ Pro Portion: 300 kcal;
19 g F, 11 g E, 22 g KH

❶ Butter schmelzen und abkühlen lassen. Spinat waschen, putzen, trocken schütteln und mit der Milch fein pürieren. Aus der Spinatmilch mit Eiern, Mehl und Butter einen Pfannkuchenteig rühren, salzen. 30 Minuten quellen lassen.

❷ Den Ziegenkäse zerbröseln. Karotten schälen und schräg in Scheiben schneiden. Knoblauch hacken. Karotten und Knoblauch 3 Minuten in 1 EL Öl anbraten. Orangensaft zugeben und die Karotten 8 Minuten köcheln lassen. Senf und Honig unterrühren. Mit Salz abschmecken. Warm halten.

❸ Eine beschichtete Pfanne erhitzen und mit etwas Öl auspinseln. Etwas Teig hineingeben und gleichmäßig verteilen. Wenn er Blasen wirft, vorsichtig wenden und 1–2 Minuten weitergaren. Nacheinander ca. 10 Pfannkuchen ausbacken. Karotten mit dem Käse vermischen und mit den Pfannkuchen servieren.

Gefüllte Kohlrabi mit Karottensoße

Herzhaft

- 200 g Hirse
- 1 l Gemüsebrühe
- 4 Kohlrabi à 350 g
- Meersalz
- 300 g Karotten
- 1 Knoblauchzehe
- 1 Zwiebel
- 4 EL Olivenöl
- 100 g Sahne
- schwarzer Pfeffer, frisch gemahlen
- ½ Bund Schnittlauch
- 100 g Gouda

☆ Zutaten für 4 Portionen

◔ Zubereitungszeit: 30 Min. + 50 Min. Garzeit

✓ Pro Portion: 560 kcal; 29 g F, 21 g E, 53 g KH

❶ Hirse in ein Sieb geben, heiß abspülen und in 800 ml Brühe nach Packungsanweisung garen (ca. 25 Minuten). Anschließend gut abtropfen lassen. Kohlrabi schälen und ca. 35 Minuten in Salzwasser köcheln lassen, bis sie gar, aber nicht zu weich sind. Abkühlen lassen.

❷ Karotten schälen und in 2 cm dicke Stücke schneiden. In einem Topf mit wenig Wasser zugedeckt 15–20 Minuten köcheln lassen, bis sie ganz weich sind. Wasser abgießen. Knoblauch und Zwiebel fein hacken und in 2 EL Öl in einem Topf 1 Minute anbraten. Restliche Brühe, Sahne und Karotten zugeben und 1 Minute köcheln lassen. Fein pürieren und mit Salz und Pfeffer abschmecken.

❸ Schnittlauch waschen und in Röllchen schneiden. Käse reiben. Hirse mit restlichem Öl und der Hälfte des Schnittlauchs mischen. Kohlrabi mit einem Teelöffel oder Kugelausstecher aushöhlen, sodass ein 1 cm dicker Rand bleibt. (Inneres anderweitig verwerten.)

❹ Kohlrabi mit Hirse füllen, in eine Auflaufform setzen und mit Käse bestreuen. Im vorgeheizten Backofen bei 200 °C (Umluft 180 °C) 10 Minuten backen. Soße nochmals erhitzen. Zu den Kohlrabi servieren. Mit dem restlichen Schnittlauch bestreuen.

Kartoffel-Vareniki mit Sauerkraut

Vegan

- 300 g Dinkelmehl Type 630
- 50 g Sojajoghurt
- Meersalz
- 150 g Sauerkraut
- 200 g Pellkartoffeln vom Vortag
- 1 Zwiebel
- 4 EL Bratöl
- schwarzer Pfeffer, frisch gemahlen
- 1 TL Kümmel
- 2 TL Paprikapulver edelsüß
- 150 g Radieschen
- 2 Frühlingszwiebeln

☆ Für 4 Portionen

◔ Zubereitungszeit: 1 Std. + 1 Std. Ruhezeit

⊘ Pro Portion: 420 kcal; 15 g F, 13 g E, 59 g KH

❶ Für den Teig Mehl, Sojajoghurt, 1 Prise Salz und 120–150 ml Wasser zu einem glatten Teig verkneten. Der Teig soll nicht kleben, ansonsten etwas Mehl zugeben. Teig in Folie gewickelt 1 Stunde ruhen lassen.

❷ Das Sauerkraut gut ausdrücken und grob hacken. Kartoffeln pellen und grob reiben. Zwiebel würfeln. Zwiebel in 1 EL Öl kurz in der Pfanne anbraten. Kraut und Kartoffeln zugeben, 3 Minuten braten. Mit den Gewürzen abschmecken.

❸ Den Teig portionsweise 2 mm dünn ausrollen. Mit einem Glas (10 cm Durchmesser) ca. 20 Kreise ausstechen. Teig mit etwas Wasser einpinseln. Je 1 EL Füllung in die Mitte setzen. Den Teig von beiden Seiten über die Füllung klappen und gut zusammendrücken.

❹ Einen großen Topf mit Salzwasser aufkochen. Teigtaschen ins kochende Wasser geben und 4–5 Minuten kochen. Gut abtropfen lassen. Radieschen waschen, putzen, vierteln. Frühlingszwiebeln waschen und in Ringe schneiden. Restliches Öl in einer großen Pfanne erhitzen. Teigtaschen mit Radieschen und Frühlingszwiebeln kurz kräftig braten. Mit Salz würzen und servieren.

Spargel mit krossem Halloumi

Einfach

- 300 g weißer Spargel
- 300 g grüner Spargel
- 300 g Karotten
- 1 rote Zwiebel
- 4 Stängel Dill
- 3 Stiele glatte Petersilie
- 4 EL Mayonnaise
- 5 EL Joghurt
- Meersalz
- schwarzer Pfeffer, frisch gemahlen
- 400 g Halloumi
- 3 EL Olivenöl

☆ Für 4 Portionen

🕒 Zubereitungszeit: 30 Min.
+ 15 Min. Ziehzeit

✓ Pro Portion: 720 kcal;
66 g F, 25 g E, 10 g KH

❶ Weißen und grünen Spargel schälen (grünen nur im unteren Drittel). Die Enden ca. 2 cm abschneiden. Spargel im kochenden Wasser ca. 2 Minuten blanchieren, abgießen und abschrecken. Karotten schälen. Karotten und Spargel in ca. 5 cm lange Streifen schneiden.

❷ Zwiebel in dünne Ringe schneiden. Dill und Petersilie waschen, trocken schütteln und zupfen.

❸ Die vorbereiteten Zutaten in einer großen Schüssel mit Mayonnaise und Joghurt mischen. Mit Salz und Pfeffer abschmecken. 15 Minuten ziehen lassen.

❹ Den Halloumi in fingerdicke Scheiben schneiden. Olivenöl in einer Pfanne erhitzen und Halloumischeiben darin bei mittlerer bis starker Hitze von beiden Seiten kross anbraten. Halloumischeiben zum Spargel servieren.

Thailändisches Gemüse-Curry

Vegan

- 1 Blumenkohl
- 1 Bund Frühlingszwiebeln
- 1 kleiner Spitzkohl
- 250 g Natur-Basmatireis
- 1 Stück Ingwer (etwa 25 g)
- 3 frische Knoblauchzehen
- 1 rote Zwiebel
- 3 EL neutrales Pflanzenöl
- 1–2 EL thailändische grüne Currypaste
- 400 ml Gemüsebrühe
- 1 Dose Kokosmilch (400 ml)
- Meersalz
- schwarzer Pfeffer, frisch gemahlen
- Saft von 1 Limette
- evtl. 1–2 EL Zucker
- je 1 Bund Basilikum und Koriandergrün
- 1 rote Chilischote

☆ Für 4 Portionen

⏱ Zubereitungszeit: 20 Min. + 25 Min. Garzeit

⊘ Pro Portion: 425 kcal; 13 g F, 11 g E, 66 g KH

❶ Blumenkohl von äußeren Blättern befreien, in einzelne Röschen teilen und in lauwarmem Wasser waschen.

❷ Frühlingszwiebeln waschen, putzen und in 5 cm lange Stücke schneiden. Die äußeren Blätter des Spitzkohls entfernen, den Kopf halbieren, Strunk entfernen und die Blätter in mundgerechte Streifen schneiden.

❸ Natur-Basmatireis nach Packungsanweisung zubereiten.

❹ Ingwer, Knoblauch und rote Zwiebel schälen und sehr fein würfeln. Öl in einem Topf erhitzen und Ingwer-, Knoblauch- und Zwiebelwürfel darin farblos anschwitzen. Blumenkohl und Currypaste hinzufügen und alles kurz mit anschwitzen. Frühlingszwiebeln, Spitzkohl, Gemüsebrühe und Kokosmilch hinzufügen, das Ganze mit Salz würzen und bei geschlossenem Deckel bei mittlerer Temperatur etwa 10 Minuten weich kochen lassen, dabei gelegentlich umrühren. Den Deckel abnehmen und das Curry weitere 10–15 Minuten unter gelegentlichem Rühren köcheln lassen. Mit Limettensaft, Salz, Pfeffer und evtl. Zucker abschmecken.

❺ Die Kräuter waschen, zupfen und grob hacken. Chili waschen, entkernen und fein schneiden. Das Gemüse-Curry mit den gehackten Kräutern bestreuen und mit Chili dekoriert zum Reis servieren.

Pizza mit Ei

Gut vorzubereiten

- 400 g Weizenmehl Type 1050 + etwas Mehl zum Ausrollen
- 100 g Polenta (feiner Maisgrieß)
- Meersalz
- 1 Würfel frische Hefe
- 4 EL Olivenöl
- 300 g Mozzarella
- 5 Frühlingszwiebeln
- 180 g Schmand
- 150 g tiefgekühlte junge Erbsen
- schwarzer Pfeffer, frisch gemahlen
- 4 Eier
- 50 g Brunnenkresse

☆ Zutaten für 4 Portionen

⏱ Zubereitungszeit: 30 Min.
+ 1 Std. Gehzeit
+ ca. 15 Min. Backzeit

⊘ Pro Portion: 960 kcal;
45 g F, 42 g E, 96 g KH

❶ Mehl, Polenta und 1 TL Salz in einer Schüssel mischen. Hefe in 300 ml lauwarmem Wasser auflösen. Hefemischung und 2 EL Öl zum Mehl geben. Mit den Knethaken des Handrührgeräts zu einem glatten Teig kneten. Mit einem Tuch abgedeckt 1 Std. gehen lassen.

❷ Mozzarella würfeln. Frühlingszwiebeln waschen, putzen und in Ringe schneiden.

❸ Den Teig nochmals gut durchkneten und vierteln. Teigstücke auf einer bemehlten Fläche zu Kreisen (ca. 22 cm) ausrollen. Auf mit Backpapier ausgelegte Backbleche legen. Mit Schmand bestreichen. Darauf Mozzarella, Frühlingszwiebeln und Erbsen verteilen. Mit Salz und Pfeffer würzen.

❹ Die Pizzen nacheinander im vorgeheizten Ofen bei 220 °C (Umluft 200 °C) auf der untersten Schiene 12–15 Minuten backen. Nach 5 Minuten je ein Ei aufschlagen, auf die Pizza geben und weiterbacken. Brunnenkresse waschen, trocken schütteln und zupfen. Die Pizza mit dem restlichem Öl beträufeln und mit Brunnenkresse bestreut servieren.

Spaghetti mit Spinat und Hafersahne

Vegan

- 200 g Spinatblätter
- 1 Knoblauchzehe
- 1 Zwiebel
- 400 g Dinkel-Spaghetti
- Meersalz
- 2 EL Olivenöl zum Braten
- 50 ml Gemüsebrühe
- 100 ml Hafersahne
- 2 EL Sojasoße
- schwarzer Pfeffer, frisch gemahlen
- Kapuzinerkresseblüten oder Stiefmütterchen- blüten zum Dekorieren (nach Geschmack)

☆ Für 4 Portionen

◔ Zubereitungszeit: 10 Min. + ca. 15 Min. Garzeit

⊘ Pro Portion: 430 kcal; 12 g F, 16 g E, 64 g KH

❶ Spinat waschen, putzen und trocken schütteln. Knoblauch fein hacken. Zwiebel fein würfeln. Spaghetti nach Packungsanweisung in Salzwasser garen.

❷ Öl in einer breiten Pfanne erhitzen. Knoblauch und Zwiebeln darin 1 Minute braten. Spinat zugeben und zusammenfallen lassen. Brühe und Hafersahne zugeben. Aufkochen und 1 Minuten köcheln lassen.

❸ Gut abgetropfte Spaghetti zugeben und durchschwenken. Mit Sojasoße, Salz und Pfeffer würzen.

❹ Vor dem Servieren mit Kapuzinerkresse- oder Stiefmütterchenblüten garnieren.

Kartoffelwaffeln mit Kräutersalat

Gelingt leicht

- 70 g Butter
- 250 g Pellkartoffeln (gekocht)
- 1 Schalotte
- 3 Eier (Kl. M)
- 100 g Weizenmehl
- 100 ml Vollmilch
- Meersalz
- schwarzer Pfeffer, frisch gemahlen
- etwas Muskatnuss, frisch gerieben
- 2 TL Honig
- 3 TL grobkörniger Senf
- 1½ EL Zitronensaft
- 4 EL Öl
- 1 kg weißer Spargel
- 1 TL Rohrohrzucker
- 100 g gemischte Kräuter
- 4 Radieschen
- 100 g Rucola oder Portulak
- evtl. (Rotkohl-)Sprossen

☆ Für 4 Portionen

⏲ Zubereitungszeit: 20 Min.
+ Garzeit: 15 Min.

⊘ Pro Portion: 555 kcal;
34 g F, 18 g E, 44 g KH

❶ 50 g Butter schmelzen und abkühlen lassen. Kartoffeln pellen und zerdrücken. Schalotte würfeln. Kartoffeln, Schalotten, Eier, Mehl, Milch und flüssige Butter zu einem zähen Teig verrühren. Mit Salz, Pfeffer und Muskat würzen.

❷ Honig, Senf, Zitronensaft und Öl glatt rühren. 3 EL vom Dressing für den Spargel beiseitestellen.

❸ Spargel schälen und die Enden abschneiden. In einem breiten Topf Salzwasser mit 20 g Butter und Zucker aufkochen. Spargel darin bei mittlerer Hitze 12–15 Minuten garen. Abtropfen lassen.

❹ Aus dem Teig im heißen Waffeleisen Waffeln ausbacken. Im Backofen warm halten.

❺ Kräuter waschen, trocken schütteln und grob zupfen. Radieschen waschen und hobeln. Rucola waschen, putzen und trocken schütteln. Kräuter, Radieschen und Rucola mit dem Dressing mischen.

❻ Spargel mit den Waffeln anrichten. Restliches Dressing über den Spargel träufeln. Salat und Sprossen zum Spargel servieren.

Quarkspeise Pascha

Für Ostern

- 750 g Magerquark
- 30 g Rosinen
- 1 EL Zitronensaft
- abgeriebene Schale von ½ Zitrone
- 1 Vanilleschote
- 100 g Rohrohrzucker
- 60 g weiche Butter
- 5 EL Aprikosen- oder Mandelkerne

☆ Für ca. 6 Portionen

⏲ Zubereitungszeit: 20 Min. + 12 Std. Abtropfzeit

⊘ Pro Portion: 330 kcal; 15 g F, 20 g E, 27 g KH

❶ Quark in ein feines Sieb geben, über eine Schüssel hängen und 2 Stunden im Kühlschrank abtropfen lassen. Die Rosinen mit Zitronensaft und Zitronenabrieb mischen. Vanilleschote längs aufschlitzen und das Mark mit dem Messerrücken herauskratzen.

❷ Zucker mit der Rosinenmischung und der Butter verrühren. Abgetropften Quark nach und nach mit einem Schneebesen unterrühren. Sieb mit einem Mulltuch auslegen. Quarkmasse darauf geben, Tuch darüber zusammen schlagen und über Nacht im Kühlschrank weiter abtropfen lassen.

❸ Zum Servieren die Quarkspeise auf eine Platte stürzen. Mit Kernen dekorieren. Dazu Osterbrot reichen oder als Dessert mit Fruchtsoße servieren.

Zitronentarte mit Baiserhaube

Braucht etwas Zeit

Mürbeteig
- 120 g weiche Butter
- 80 g feiner Rohrohrzucker
- 1 kleines Ei
- 200 g gesiebtes Mehl
- Mark von ½ Vanilleschote
- Butter für die Form
- Hülsenfrüchte zum Blindbacken

Zitronencreme
- 200 ml frisch gepresster Zitronensaft
- 150 g Puderzucker
- 2 Eigelb und 2 Eier
- 100 g weiche Butter

Außerdem
- 1 Zitrone
- 50 g feiner Rohrohrzucker
- Minzeblätter als Deko

Baisermasse
- 2 Eiweiß
- 80 g feiner Rohrohrzucker

- - - - - - - - - - - - - - - - - - -

☆ Für 1 Spring- oder Tarteform (26 cm)

- - - - - - - - - - - - - - - - - - -

⊙ Zubereitungszeit: 30 Min. + 50 Min. Backzeit

- - - - - - - - - - - - - - - - - - -

⊘ Pro Portion (bei 8 Stücken): 555 kcal; 27 g F, 8 g E, 69 g KH

❶ Für den Teig alle Zutaten zu einem homogenen Teig verarbeiten und gleichmäßig dünn in die gebutterte Kuchenform drücken. Der Rand soll ca. 3 cm hoch sein. Teig mit Backpapier und mit Hülsenfrüchten belegen und im auf 180 °C vorgeheizten Backofen 20 Minuten backen.

❷ Für die Zitronencreme den Zitronensaft durch ein feines Sieb gießen und mit Puderzucker mischen. Mit einem Stabmixer Eigelbe und Eier, dann langsam die Butter einarbeiten.

❸ Den Mürbeteigboden aus dem Ofen nehmen. Die Temperatur auf 100 °C herunterschalten. Backpapier und Hülsenfrüchte entfernen, Zitronenmasse in die Tarteform füllen. Tarte weitere 15 Minuten backen.

❹ Die Zitrone waschen, trocken reiben und in hauchdünne Scheiben schneiden. Zucker und 50 ml Wasser in einem kleinen Topf zum Kochen bringen. Zitronenscheiben hineingeben und aufkochen lassen. Topf vom Herd ziehen.

❺ Die Zitronenscheiben vorsichtig aus dem Sud heben und zum Abtropfen auf Küchenpapier legen. Nach 15 Minuten Backzeit die Zitronenscheiben auf der leicht gestockten Creme verteilen. Tarte weitere 15 Minuten backen, bis die Masse vollständig gestockt ist. Tarte auf einem Kuchengitter auskühlen lassen.

❻ Für den Baiser Eiweiß und Zucker steif schlagen. Masse mit einem Löffel auf der Tarte verteilen. Oberfläche mit einem Bunsenbrenner leicht bräunen. Zitronentarte gekühlt und mit Minzeblättern dekoriert servieren.

Erdbeer-Trifle mit Sahne und Dinkelwaffeln

Schmeckt nach mehr

- 1 kg Erdbeeren
- 60 g Zucker
- 250 g Frischei-Dinkel-waffeln
- 6–8 EL Sherry (alternativ Orangensaft)
- 1 Vanilleschote
- 4 Eigelb (M)
- 25 g Puderzucker
- 1 EL Speisestärke
- 725 g Sahne
- 40 g gehobelte Haselnüsse

☆ Für 8 Portionen

◔ Zubereitungszeit: 35 Min. + 1 Std. Kühlzeit

⊘ Pro Portion: 535 kcal; 36 g F, 10 g E, 41 g KH

❶ Erdbeeren waschen, putzen und in Scheiben schneiden. Erdbeeren mit Zucker bestreuen und beiseitestellen.

❷ Waffeln in 1–2 cm große Stücke schneiden und auf dem Boden einer tiefen Schale (ca. 20 cm Durchmesser, 15 cm Höhe) verteilen. Mit Sherry beträufeln. Erdbeerscheiben darüber geben.

❸ Vanilleschote halbieren, das Mark herauskratzen und mit den Eigelben, Puderzucker und Speisestärke in einer Schale glatt rühren. 425 g Sahne in einem Topf aufkochen und unter ständigem Rühren mit dem Schneebesen zur Eimischung gießen. Mischung zurück in den Topf geben und unter ständigem Rühren aufkochen. Vom Herd nehmen und heiß über die Erdbeeren gießen. In der Schale ca. 1 Stunde im Kühlschrank abkühlen lassen.

❹ Haselnüsse in einer Pfanne ohne Fett goldbraun rösten. Restliche Sahne steif schlagen und über der Vanillecreme verteilen. Mit den Haselnüssen dekorieren.

Sommer

Sommerzeit ist Beerenzeit: Heidelbeeren, Johannisbeeren, Himbeeren frisch vom Strauch. Auch sonnengereifte Pfirsiche und Tomaten sowie junge Zucchini, Karotten, Bohnen, Kohlrabi und Fenchel gibt es in Hülle und Fülle.

Paprikasuppe mit Koriander-Gremolata

Herzhaft

- 500 g rote Paprika
- 300 g Tomaten
- 1 Zwiebel
- 300 g Kartoffeln
- 1 EL Öl
- 1 EL Paprikapulver edelsüß
- 200 ml Weißwein (alternativ Apfelsaft)
- 800 ml Gemüsebrühe
- 100 g Sahne
- je ½ Bund glatte Petersilie und Koriandergrün
- 2 Knoblauchzehen
- 30 g geriebener Parmesan
- abgeriebene Schale von 1 Zitrone
- 250 g gegarte weiße Bohnen (Glas)
- Meersalz
- schwarzer Pfeffer, frisch gemahlen

❶ Paprikaschoten waschen, putzen und würfeln. Tomaten über Kreuz einritzen, kurz in kochendes Wasser tauchen und anschließend in Eiswasser abschrecken. Die Tomaten häuten und würfeln. Zwiebel fein würfeln. Kartoffeln schälen und würfeln.

❷ Öl in einem Topf erhitzen. Zwiebeln kurz anbraten. Paprika, Kartoffeln und Tomaten zugeben. 3 Minuten mitdünsten. Paprikapulver zugeben. Kurz anrösten. Weißwein und Brühe zugeben, aufkochen und zugedeckt 25 Minuten köcheln lassen.

❸ Sahne schlagen und kalt stellen. Für die Gremolata Kräuter waschen und trocken schütteln, zupfen und mit dem Knoblauch fein hacken. Mit Käse und Zitronenabrieb mischen.

❹ Die Suppe pürieren. Bohnen zugeben und kurz erhitzen. Salzen und pfeffern. Suppe mit der Gremolata und einem Klecks Sahne servieren.

☆ Für 4 Portionen

◷ Zubereitungszeit: 25 Min. + 25 Min. Garzeit

⊘ Pro Portion: 371 kcal; 15 g F, 14 g E, 35 g KH

Gekühltes Gurken-Dill-Süppchen

Leicht

- 600 g Salatgurke
- 1 gestrichener TL Meersalz
- ½ Bund Dill
- 400 g Joghurt
- 2–3 EL Weißweinessig
- 1 TL Rohrzucker
- 6 EL Olivenöl
- schwarzer Pfeffer, frisch gemahlen
- 1 Bund Radieschen

☆ Für 4 Portionen

◔ Zubereitungszeit: 20 Min. + 10 Min. Marinierzeit

⊘ Pro Portion 255 kcal; 22 g F, 5 g E, 9 KH

❶ Salatgurken waschen, würfeln und mit dem Salz in eine Schüssel geben. Ca. 10 Minuten ziehen lassen.

❷ Dillspitzen von den Stielen zupfen und grob hacken.

❸ Gurkenwürfel, Joghurt, Dill, Weißweinessig, Rohrzucker und Olivenöl mit einem Stabmixer sorgfältig und möglichst fein pürieren, nach Geschmack durch ein feines Sieb passieren.

❹ Die Suppe mit Salz, Pfeffer und evtl. noch etwas Zucker abschmecken und bis zum Servieren kalt stellen.

❺ Direkt vor dem Servieren Suppe nochmals abschmecken. Nach Geschmack gewaschene, in Würfelchen geschnittene Radieschen darüber streuen.

TIPP

Die doppelte Menge herstellen und die Hälfte am nächsten Tag ohne Radieschen als Smoothie genießen.

Sommerliche Blattsalate mit Ricotta

Schnell

- 4 EL Pinienkerne
- 8 Handvoll Blattsalate und Wildkräuter
- ½ Handvoll Basilikum
- Saft von 1 Zitrone
- 2 EL Agavendicksaft
- Meersalz
- schwarzer Pfeffer, frisch gemahlen
- 4 EL sehr gutes Olivenöl
- 4 EL Haselnussöl
- 100 g Johannisbeeren
- 250 g Ricotta

☆ Für 4 Portionen

⏲ Zubereitungszeit: 20 Min.

⊘ Pro Portion 460 kcal; 39 g F, 12 g E, 16 g KH

❶ Pinienkerne in einer Pfanne ohne Fett bei mittlerer Temperatur goldgelb rösten, dann zum Abkühlen auf einem Teller beiseitestellen.

❷ Salat putzen, waschen und trocken schleudern.

❸ Basilikum zupfen, fein hacken und mit Zitronensaft, Agavendicksaft, etwas Salz und Pfeffer und den beiden Ölen zu einem Dressing verrühren. Abschmecken.

❹ Johannisbeeren waschen und verlesen. Zum Servieren Salat und Johannisbeeren auf vier Teller verteilen. Ricotta in kleinen Nocken darauf verteilen. Das Dressing darüber träufeln, Pinienkerne darüber streuen und sofort servieren. Dazu passt Baguette.

TIPP

Die doppelte Menge Dressing herstellen, Pflücksalat verwenden und am nächsten Tag mit variierten Zutaten, beispielsweise mit Parmesan, genießen.

Bulgursalat

Vegan

- 200 g Bulgur
- Meersalz
- 1 kleiner Fenchel
- 150 g Kirschtomaten
- ⅓ Salatgurke
- 1 kleine rote Zwiebel
- 1 Bund Minze
- 1 Bund glatte Petersilie
- 75 g getrocknete Aprikosen
- 2 TL Fenchelsamen
- Saft und abgeriebene Schale von 2 Zitronen
- schwarzer Pfeffer, frisch gemahlen
- 6 EL Olivenöl
- 100 ml Orangensaft
- 30 g Pinienkerne

❶ Bulgur in einer Schüssel mit leicht gesalzenem Wasser bedecken und 1 Stunde quellen lassen. Fenchel waschen, putzen und in feine Scheibchen schneiden. Tomaten waschen, halbieren, Gurke waschen und fein würfeln.

❷ Die Zwiebel fein würfeln. Minze und Petersilie waschen, zupfen und grob hacken. Aprikosen in kleine Würfel schneiden. Die Fenchelsamen im Mörser grob zerstoßen.

❸ Eingeweichten Bulgur in ein Sieb abgießen und abtropfen lassen. Alle anderen Zutaten (bis auf die Pinienkerne) unterrühren und mit Salz und Pfeffer würzen.

❹ Den Salat mindestens 4 Stunden an einem kühlen Ort durchziehen lassen. Vor dem Servieren unbedingt noch einmal abschmecken und nach Bedarf nachwürzen. Pinienkerne in einer Pfanne ohne Fett goldbraun rösten und darauf verteilen.

☆ Für 4–6 Portionen

◔ Zubereitungszeit: 40 Min. + 5 Std. Marinierzeit

☆ Pro Portion (bei 6 Portionen): 330 kcal; 16 g F, 8 g E, 39 g KH

Melone-Tomaten-Salat

Vegan

- 400 g Wassermelone
- 300 g Cantaloupe-Melone
- 100 g Salatgurke
- 100 g Rucola
- 1 rote Chili
- 300 g Ochsenherz- oder Fleischtomaten
- 300 g gelbe Kirsch-tomaten
- 4 Zweige Thymian
- 3–5 EL Zitronensaft
- 40–50 ml Olivenöl
- Meersalz
- schwarzer Pfeffer, frisch gemahlen

❶ Beide Melonensorten schälen, halbieren und die Kerne entfernen. Salatgurke waschen, putzen, beides mit der Gemüsereibe in dünne Scheiben schneiden. Rucola waschen, putzen und trocken schleudern, Chili in sehr dünne Ringe schneiden. Tomaten waschen, putzen und in mundgerechte Stücke schneiden.

❷ Thymianblätter abzupfen und mit Chili, Zitronensaft und Olivenöl in einer Schüssel vermengen, mit Salz und Pfeffer gut würzen.

❸ Das Gemüse auf einer Platte dekorativ anrichten und mit der Thymianvinaigrette übergießen. Gleich servieren.

☆ Für 4 Portionen

⏲ Zubereitungszeit: 25 Min.

⊘ Pro Portion 210 kcal;
12 g F, 3 g E, 21 g KH

Zuckerschoten-Salat

Vegan

- 2–3 Limetten
- ½ kleine, rote Chilischote
- 2 EL Agavendicksaft
- Meersalz
- schwarzer Pfeffer, frisch gemahlen
- 4 EL Olivenöl
- 2 EL Traubenkernöl
- 2 kleine Fenchelknollen
- 300 g Zuckerschoten
- 2 Handvoll Koriandergrün

☆ Für 4 Portionen

◷ Zubereitungszeit: 30 Min.

⊘ Pro Portion: 290 kcal; 20 g F, 6 g E, 20 g KH

❶ Limetten mit einem Messer so schälen, dass die weiße Haut mit entfernt wird. Die Filets zwischen den Häuten herausschneiden und halbieren. Restlichen Saft auspressen. Chili fein hacken. Limettensaft und Limettenfilets mit Chili, Agavendicksaft, Salz und Pfeffer verrühren. Die beiden Öle einrühren. Dressing abschmecken.

❷ Fenchel waschen, putzen und mit dem Gemüsehobel in dünne Scheiben schneiden.

❸ Zuckerschoten waschen, putzen und in sprudelnd kochendem Salzwasser 1–2 Minuten bissfest blanchieren. Zuckerschoten abgießen, kalt abschrecken und der Länge nach halbieren. Koriander waschen, zupfen und grob hacken.

❹ Fenchel und Zuckerschoten mit dem Dressing anmachen, mit Koriander bestreuen und sofort servieren.

Grillsalat

Vegan

- 1 kg vorgekochte fest-kochende Kartoffeln
- 3 rote Paprika
- 1 große oder 2 kleine Zucchini
- 7 EL Olivenöl
- Meersalz
- schwarzer Pfeffer, frisch gemahlen
- 6 getrocknete Tomaten in Öl
- ½ Bund Petersilie
- 3 EL Kapern
- 3 EL schwarze Oliven in Öl
- 3 EL weißer Balsamico

☆ Für 4 Portionen

⏲ Zubereitungszeit: 40 Min.

⊘ Pro Portion: 520 kcal; 31 g F, 9 g E, 51 g KH

❶ Den Grill vorheizen. Vorgekochte Kartoffeln auf einem Blech in die Glut setzen und 30 Minuten bei mittlerer Temperatur backen.

❷ Paprika waschen, putzen und vierteln. Zucchini waschen, die Enden entfernen und schräg in ca. 1,5 cm breite Scheiben schneiden. Alles in eine Schüssel legen, 2 EL Olivenöl hinzufügen, mit Salz und Pfeffer würzen und durchmischen. Zucchini und Paprika auf den Grill legen und garen, bis das Gemüse weich ist (Zucchini ca. 5 Minuten, Paprika ca. 15 Minuten).

❸ Für das Dressing getrocknete Tomaten und Petersilie hacken. Mit Kapern, Oliven, Balsamico und dem restlichen Olivenöl verrühren. Das Dressing mit Salz und Pfeffer würzen.

❹ Kartoffeln schälen und vierteln, mit Paprika und Zucchini mischen und mit dem Dressing anmachen.

Fenchelsalat mit Apfel und Brombeeren

Vegan

- 100 g Haselnusskerne
- 200 g Brombeeren
- Meersalz
- schwarzer Pfeffer, frisch gemahlen
- 2 EL Weißweinessig
- 3 EL Olivenöl
- 1 EL Haselnussöl
- 2 EL Rapsöl
- 2 Fenchelknollen
- 3 Stangen Staudensellerie
- 2 Äpfel

☆ Für 4 Portionen

◔ Zubereitungszeit: 20 Min.

⊘ Pro Portion: 410 kcal; 35 g F, 8 g E, 16 g KH

❶ Haselnusskerne grob hacken und in einer Pfanne ohne Fett bei mittlerer Temperatur goldbraun rösten.

❷ Brombeeren waschen und verlesen. Die Hälfte der Brombeeren mit Salz, Pfeffer und Essig in einer Schüssel zerdrücken. Durch ein Sieb streichen und mit den Ölen verrühren.

❸ Fenchel und Staudensellerie waschen und putzen. Äpfel waschen, vierteln und entkernen. Das Gemüse und die Äpfel in hauchdünne Scheiben schneiden. Alles mit dem Brombeerdressing anmachen. Mit Brombeeren und Haselnüssen bestreut servieren.

Gemüsesticks mit Safran-Knoblauch-Mayonnaise

Wenn Gäste kommen

- 1 Knoblauchknolle
- Meersalz
- 4 EL Olivenöl
- 1 Eigelb
- 1 Ei
- 1 Msp. Safranfäden
- 300–350 ml Sonnen-
  blumenöl
- schwarzer Pfeffer,
  frisch gemahlen
- 1 EL Zitronensaft
- 1,6 kg frisches Gemüse,
  z. B. Karotten, Staudensellerie, Kohlrabi, Gurke,
  Fenchel, Zucchini, Paprika
- ½ Stange Baguette
- Olivenöl zum Bestreichen

☆ Für 8 Portionen

⊙ Zubereitungszeit: 30 Min.
   + 20 Min. Garzeit

⊘ Pro Portion 560 kcal;
   51 g F, 4 g E, 24 g KH

❶ Für die Mayonnaise Knoblauchknolle halbieren, mit Meersalz bestreuen und mit 2 EL Olivenöl beträufeln. Knoblauch auf mittlerer Schiene im auf 200 °C vorgeheizten Backofen 20 Minuten backen, aus dem Ofen nehmen und abkühlen lassen. Knoblauchzehen aus den Häutchen drücken und mit dem Rücken eines Messers zerdrücken.

❷ Knoblauch, Eigelb, Ei, Safran, Zitronensaft, Salz und Pfeffer verrühren. Mit einem Schneebesen ständig schlagen und zuerst tropfenweise 2 EL Olivenöl und dann das Sonnenblumenöl in dünnem Strahl einarbeiten, bis die Mayonnaise einen schönen Glanz und Stand hat. Mayonnaise mit Salz, Pfeffer und Zitronensaft abschmecken und kühl stellen.

❸ Gemüse putzen, waschen und in ca. fingerlange, 0,5 cm bis 1 cm breite Stifte schneiden. Baguette in dünne Scheiben schneiden und mit etwas Olivenöl beträufeln.

❹ Die Scheiben in einer Pfanne bei mittlerer Temperatur goldbraun rösten und warm zu den Gemüsesticks und der Mayonnaise servieren.

TIPP

Die doppelte Menge Gemüse klein schneiden und mit Gemüsebrühe eine Minestrone für den nächsten Tag kochen.

Gefüllte Kartoffeln mit Tomatensalsa

Einfach

- 30 kleine Kartoffeln
- 5 Stängel glatte Petersilie
- ½ Bund Schnittlauch
- Meersalz
- 120 g Ziegenweichkäse
- schwarzer Pfeffer, frisch gemahlen
- 400 g Tomaten
- ½ rote Zwiebel
- 2 EL Balsamico
- 3 EL Olivenöl
- 2 TL Honig
- 3 Frühlingszwiebeln
- 1 EL Basilikum

☆ Für 30 Stück

⌚ Zubereitungszeit: 20 Min.
  + 30 Min. Garzeit

⊘ Pro Stück: 85 kcal;
  2 g F, 3 g E, 13 g KH

❶ Kartoffeln in Salzwasser kochen. Etwas abkühlen lassen. Von jeder Kartoffel jeweils einen Deckel abschneiden. Eventuell Böden begradigen, damit sie nicht kippen. Mit einem Teelöffel zwei Drittel aushöhlen.

❷ Petersilie und Schnittlauch waschen und klein schneiden. Die ausgeschabten Kartoffelreste zerdrücken. Mit Ziegenkäse, gehackter Petersilie und Schnittlauch mischen. Salzen und pfeffern. In die Kartoffeln füllen. Kartoffeln auf ein gefettetes Blech setzen und bei 200 °C 10 Minuten backen.

❸ Tomaten waschen, entkernen und fein würfeln. Zwiebel würfeln. Zwiebel, Essig, Öl und Honig verrühren. Frühlingszwiebeln und Basilikum waschen und klein schneiden. Alles mischen, salzen und pfeffern.

❹ Gefüllte Kartoffeln mit der Tomatensalsa servieren.

Zucchini-Schafskäse-Kuchen

Gut vorzubereiten

- 300 g Zucchini
- 2 Frühlingszwiebeln
- ½ Bund Dill
- 3 Eier
- 200 g Joghurt
- 150 g Dinkel-Vollkorn-mehl
- 100 ml Rapsöl
- 150 g Feta-Schafskäse
- Meersalz
- schwarzer Pfeffer, frisch gemahlen
- je 1 EL Sesam und Schwarzkümmel zum Bestreuen
- Fett für die Form

☆ Für 6–8 Portionen

🕑 Zubereitungszeit: 20 Min. + 30 Min. Backzeit

⊘ Pro Portion (bei 8 Portionen): 290 kcal; 21 g F, 11 g E, 15 g KH

❶ Die Zucchini waschen, putzen und grob raspeln. Frühlingszwiebeln waschen, putzen und in feine Röllchen schneiden. Dill waschen, zupfen und Dillspitzen hacken.

❷ Eier, Joghurt, Mehl und Öl gut verrühren. Feta hineinkrümeln. Zucchini, Frühlingszwiebeln und Dill gründlich unterrühren und kräftig mit Salz und Pfeffer würzen.

❸ Eine Springform (28 cm Ø) einfetten, den dickflüssigen Teig hineingeben und mit Sesam und Schwarzkümmel bestreuen. Den Zucchini-Schafskäse-Kuchen im Ofen bei 200 °C in ca. 30 Minuten goldbraun backen.

Gebratenes Gemüse mit zweierlei Soßen

Raffiniert

Tomatensoße
- 1 kg Tomaten
- 2 Zwiebeln
- 2 Knoblauchzehen
- 3 EL Olivenöl
- Meersalz
- schwarzer Pfeffer, frisch gemahlen
- 1 Prise Zucker

Gemüse
- 4 große, festkochende Kartoffeln
- 2 mittelgroße Zucchini
- 2 Auberginen
- 8–12 grüne, mittelgroße Peperoni
- 2 rote Zwiebeln
- 6 EL Olivenöl

Joghurtsoße
- 500 g Joghurt
- ½ TL Kreuzkümmel
- ½ TL Chiliflocken
- ½ TL Zucker

Außerdem
- ½ Bund frische Minze
- ½ Bund Koriandergrün

- - - - - - - - - - - - - - - -

☆ Für 4 Portionen

- - - - - - - - - - - - - - - -

⏲ Zubereitungszeit: 1 Std.

- - - - - - - - - - - - - - - -

⊘ Pro Portion: 520 kcal; 34 g F, 14 g E, 39 g KH

❶ Für die Tomatensoße Tomaten einritzen, in kochendem Wasser kurz blanchieren, kalt abschrecken und häuten. Tomaten halbieren, den Strunk entfernen und das Fruchtfleisch würfeln. Zwiebeln und Knoblauch würfeln und im Öl anschwitzen, Tomaten hinzufügen und offen bei mittlerer Temperatur 20–30 Minuten köcheln lassen. Mit Salz, Pfeffer und evtl. Zucker abschmecken.

❷ Für das Gemüse Kartoffeln, Zucchini und Auberginen waschen. Kartoffeln schälen und in Spalten, Zucchini und Auberginen in dünne Scheiben schneiden, große Auberginenscheiben halbieren. Auberginen auf Küchenpapier legen und leicht mit Salz bestreuen. Peperoni waschen. Zwiebeln in Spalten schneiden. 2 EL Olivenöl auf ein Backblech geben, Kartoffeln und Zucchini darauf verteilen. Salzen und pfeffern. In den vorgeheizten Backofen (180 °C Umluft) schieben. Nach 20 Minuten Zwiebelspalten und Peperoni hinzufügen. Sobald das Gemüse Farbe angenommen hat, aus dem Ofen nehmen und auf einer Platte anrichten.

❸ Zutaten für die Joghurtsoße verrühren und abschmecken. Minze und Koriander waschen, trocknen und zupfen.

❹ Kurz vor dem Servieren Auberginen trockentupfen und im restlichen Olivenöl beidseitig anbraten. Die Scheiben zum Entfetten auf Küchenpapier legen.

❺ Die Soßen zum Gemüse servieren und mit frischer Minze und Koriander bestreuen.

Pasta mit Zucchini, Zitrone und Ajvar

Vegan

- 300 g Zucchini
- 1 Knoblauchzehe
- 1 rote Zwiebel
- 300 g Dinkel-Vollkorn-Spaghetti
- Meersalz
- 1 EL Olivenöl
- 200 g Erbsen
- 150 ml Gemüsebrühe
- 100 ml Sojasahne
- Saft und abgeriebene Schale von ½ Zitrone
- schwarzer Pfeffer, frisch gemahlen
- 4 TL Ajvar

❶ Zucchini waschen, putzen und mit einem Sparschäler längs in Streifen hobeln. Knoblauch hacken. Zwiebel in Streifen schneiden. Spaghetti nach Packungsanweisung in Salzwasser garen.

❷ Öl in einer breiten Pfanne erhitzen. Knoblauch, Zwiebeln und Zucchini 1 Minute braten. Erbsen, Gemüsebrühe, Sahne und Zitronenabrieb zugeben. Aufkochen und 4 Minuten köcheln lassen.

❸ Gut abgetropfte Spaghetti zugeben und durchschwenken. Mit Zitronensaft, Salz und Pfeffer würzen. Anrichten und auf jede Portion 1 TL Ajvar setzen.

☆ Für 4 Portionen

◷ Zubereitungszeit: 15 Min. + 10 Min. Garzeit

⊘ Pro Portion: 390 kcal; 11 g F, 15 g E, 57 g KH

Gemüsetagine mit Bulgur

Vegan

- 200 g Weißkohl
- 2 rote Zwiebeln
- 3 Knoblauchzehen
- 50 g frischer Ingwer
- 4 Stücke Salzzitronen
- 2–3 Süßkartoffeln
- 4 Strauchtomaten
- 1 EL Margarine
- 2 EL Olivenöl
- 400 ml Gemüsebrühe
- 2 Lorbeerblätter
- 200 g Bulgur
- Meersalz
- schwarzer Pfeffer, frisch gemahlen
- 2 Msp. Safran
- 2 EL Pistazienkerne, gehackt
- evtl. 1 EL Ahornsirup

☆ Für 4 Portionen

⏱ Zubereitungszeit: 1 Std.

⊘ Pro Portion 405 kcal; 14 g F, 9 g E, 61 g KH

❶ Kohl putzen, in ca. 2 cm breite Streifen schneiden. Zwiebeln, Knoblauch und Ingwer schälen. Zwiebeln längs halbieren, in ca. 1 cm breite Spalten schneiden. Knoblauch, Ingwer und Salzzitronen fein hacken. Süßkartoffeln schälen, in grobe Stücke schneiden. Wasser zum Kochen bringen. Tomatenstrunk herauslösen. Tomaten ca. 30 Sekunden blanchieren, kalt abschrecken, die Haut abziehen und halbieren.

❷ Margarine und Olivenöl in einer Tagine (oder gusseisernem Topf) erhitzen. Kohl, Zwiebeln und Süßkartoffeln hineingeben. Gemüse sanft anbraten. Knoblauch, Ingwer und Salzzitronen hinzufügen, kurz mit anbraten. Tomaten, Gemüsebrühe und Lorbeerblätter hinzufügen. Aufkochen lassen, die Temperatur verringern und den Deckel aufsetzen. Kaltes Wasser in die Einbuchtung des Tagine-Deckels geben. Zugedeckt das Gemüse leise köchelnd 30 Minuten garen. Bulgur mit Salz und Safran nach Packungsanweisung garen.

❸ Tagine mit Salz, Pfeffer und Ahornsirup abschmecken. Bulgur und Gemüse auf Teller verteilen. Mit Pistazien bestreuen.

Salzzitronen: 60 g Salz, 40 g Zucker, 2 Lorbeerblätter und je 1 EL Pfefferkörner, Koriandersamen und Senfsamen mit 500 ml Wasser aufkochen. Abkühlen lassen. 6 Zitronen waschen, längs vierteln und in saubere Weckgläser füllen. Flüssigkeit zugeben, sodass sie bedeckt sind. Die Gläser schließen, 2 Tage kühl stellen. Dann Flüssigkeit abgießen. 60 g Salz und 40 g Zucker mit 500 ml Wasser aufkochen, abkühlen lassen und über den Zitronen verteilen. Gläser schließen. Zitronen mind. 3 Wochen im Kühlschrank ziehen lassen. In dieser Zeit die Gläser zwei Mal wenden.

Bohnengemüse mit Kartoffeln und Schafskäse

Herzhaft rustikal

- 800 g breite grüne Bohnen
- Meersalz
- 3 Knoblauchzehen
- 7 EL Olivenöl
- 5 EL getrocknete Tomaten in Öl
- 200 ml Gemüsebrühe
- 5 EL schwarze Oliven
- 2 EL frische Thymian-blättchen
- schwarzer Pfeffer, frisch gemahlen
- 800 g Pellkartoffeln vom Vortag
- 1 TL Kreuzkümmel
- 100 g Schafskäse

☆ Für 4 Portionen

🕒 Zubereitungszeit: 50 Min.

⊘ Pro Portion: 505 kcal; 33 g F, 14 g E, 38 g KH

❶ Die Bohnen waschen, putzen und in reichlich sprudelndem Salzwasser 5 Minuten blanchieren. Dann abgießen, kalt abschrecken und abtropfen lassen.

❷ Knoblauch in feine Scheiben schneiden. 4 EL Olivenöl in einem Topf erhitzen, darin den Knoblauch farblos anschwitzen. Getrocknete Tomaten grob hacken. Gemüsebrühe, Tomaten und Oliven zugeben und einmal aufkochen lassen. Bohnen und Thymianblättchen hinzufügen und ca. 10 Minuten leise köcheln lassen. Mit Pfeffer würzen.

❸ Die Kartoffeln pellen und grob würfeln. 3 EL Olivenöl in einer großen Pfanne erhitzen und Kartoffeln darin bei mittlerer Temperatur anbraten. Kreuzkümmel grob hacken und zugeben. Mit Salz und Pfeffer würzen.

❹ Zum Servieren die Kartoffeln und das Bohnengemüse auf Teller verteilen. Schafskäse grob zerbröckeln und darüber verteilen.

Couscous mit Peperonata

Vegan

Couscous
- 250 g Instant-Couscous
- Meersalz
- schwarzer Pfeffer, frisch gemahlen
- jeweils 1 Handvoll Minze- und Petersilienblättchen
- 6 EL Olivenöl
- Saft von ½ Zitrone

Peperonata
- 5 Paprikaschoten
- 2 Schalotten
- 3 Knoblauchzehen
- 1 Karotte
- 5 Tomaten
- 3 EL Olivenöl
- 2 EL Kapern
- Meersalz
- schwarzer Pfeffer, frisch gemahlen
- 1 Handvoll Basilikumblättchen

☆ Für 4 Portionen

⏲ Zubereitungszeit: 25 Min. + 15 Min. Ziehzeit

✓ Pro Portion: 550 kcal; 30 g F, 11 g E, 60 g KH

❶ Couscous in eine Schüssel geben. 300 ml Wasser zum Kochen bringen und mit einem Schneebesen in den Couscous einrühren. Couscous mit Salz und Pfeffer würzen und mindestens 15 Minuten ziehen lassen, dabei gelegentlich umrühren.

❷ Für die Peperonata Paprika waschen, mit einem Sparschäler grob schälen, halbieren und Kerne, Stiele und weiße Innenwände entfernen. Paprika in mundgerechte Stücke schneiden. Schalotten, Knoblauch und Karotte schälen und alles in feine Streifen bzw. Scheiben schneiden. Die Tomaten kurz in kochendes Wasser geben, abschrecken, häuten und achteln.

❸ Olivenöl in einem breiten Topf erhitzen und darin Schalotten, Karotten und Knoblauch farblos anschwitzen. Paprika und Tomaten hinzufügen und ca. 10 Minuten leicht kochen lassen. Die Peperonata soll nicht wässrig, aber auch nicht zu dickflüssig sein. Die Kapern hinzufügen, aufkochen und mit Salz und Pfeffer abschmecken.

❹ Minze- und Petersilienblättchen waschen, fein hacken und unter das Couscous mischen. Olivenöl einrühren und mit Salz und Pfeffer und Zitronensaft abschmecken. Die Peperonata mit grob gehacktem Basilikum bestreuen und mit dem Couscous servieren.

Zucchinipuffer mit Joghurt-Gurken-Soße

Tolles Mitbringsel

Zucchinipuffer
- 1 kg Zucchini
- 2 Zwiebeln
- 1 Bund Dill
- 3 Eier
- Meersalz
- schwarzer Pfeffer, frisch gemahlen
- ca. 8 EL Olivenöl zum Braten

Soße
- ½ Bund Minze
- ½ Salatgurke
- 3 Knoblauchzehen
- 3 EL Olivenöl
- 500 g Joghurt
- 1 Prise Zucker
- Meersalz
- schwarzer Pfeffer, frisch gemahlen

❶ Zucchini waschen und putzen. Zucchini und Zwiebeln reiben. Dill zupfen, hacken und zugeben. Mit den Eiern vermengen, salzen und pfeffern. Sollte der Teig zu dünnflüssig sein, etwas Mehl unterrühren.

❷ Olivenöl portionsweise in einer beschichteten Pfanne erhitzen. Den Gemüseteig löffelweise in die Pfanne geben und bei mittlerer Temperatur von beiden Seiten goldgelb ausbacken. Fertige Zucchinipuffer auf Küchenpapier legen und ggf. warm stellen.

❸ Für die Soße Minze waschen, trocken schütteln, die Blättchen von den Stielen zupfen und grob hacken. Salatgurke waschen und grob reiben. Knoblauch pressen. Alles mit Öl und Joghurt verrühren. Die Soße mit Zucker, Salz und Pfeffer abschmecken. Die Puffer warm oder kalt mit der Joghurtsoße servieren.

☆ Für 4 Portionen

◔ Zubereitungszeit: 40 Min.

⊘ Pro Portion: 510 kcal; 44 g F, 15 g E, 14 g KH

Ratatouille mit Polentaschnitten

Schmeckt nach Urlaub

- 400 ml Milch
- Meersalz
- schwarzer Pfeffer, frisch gemahlen
- 20 g Butter
- 120 g Polenta
- 40 g frisch geriebener Parmesan
- 2 Eigelb
- 800 g Tomaten
- 2 Zwiebeln
- 3 Knoblauchzehen
- 1 große Aubergine
- 600 g Buschbohnen
- 8 EL Olivenöl
- 1 Handvoll Bohnenkraut

☆ Für 4 Portionen

🕒 Zubereitungszeit: 30 Min.
+ 30 Min. Garzeit

⊘ Pro Portion: 595 kcal;
40 g F, 18 g E, 42 g KH

❶ Milch mit etwas Salz, Pfeffer und Butter in einem Topf zum Kochen bringen. Polenta unter ständigem Rühren einrieseln lassen und ca. 15 Minuten unter gelegentlichem Rühren leise köcheln lassen. Polenta vom Herd nehmen. Parmesan und Eigelbe unterziehen. Die Masse auf ein mit Backpapier ausgelegtes Blech streichen und abkühlen lassen.

❷ Für das Ratatouille Tomaten einritzen und den Strunk entfernen. Tomaten in sprudelnd kochendem Wasser kurz blanchieren, bis sich die Haut abziehen lässt. Tomaten kalt abschrecken, häuten und vierteln. Zwiebeln und Knoblauch fein würfeln. Aubergine waschen und in ca. 2 cm große Würfel schneiden. Bohnen putzen und halbieren.

❸ 5 EL Olivenöl in einem breiten Topf erhitzen, Auberginenwürfel hinzufügen und rundum bei mittlerer Temperatur ca. 7 Minuten anbraten, bis die Würfel Farbe angenommen haben. Zwiebeln, Knoblauch und Bohnen hinzufügen, ca. 4 Minuten farblos anschwitzen, dann die Tomaten hinzufügen. Das Ganze mit Salz und Pfeffer würzen und 20 Minuten leise köcheln lassen. Bohnenkraut waschen, zupfen, hacken und unterrühren.

❹ Polenta in Streifen schneiden. 3 EL Olivenöl in einer breiten Pfanne erhitzen und die Polentastücke von beiden Seiten darin goldbraun anbraten.

Frozen Joghurt mit Bananen und Beeren

Vegan

- 1 Banane
- 100 g tiefgekühlte Heidelbeeren
- 100 g tiefgekühlte Erdbeeren
- 200 g Sojajoghurt
- 2–3 EL Agavendicksaft

☆ Für 2 Portionen

🕒 Zubereitungszeit: 10 Min. + 8 Std. Kühlzeit

✓ Pro Portion: 155 kcal; 3 g F, 4 g E, 27 g KH

❶ Banane schälen und in 1 cm dicke Würfel schneiden. Die Bananenscheiben nebeneinander auf einen mit Klarsichtfolie ausgelegten Teller legen und über Nacht in den Tiefkühler geben.

❷ Am nächsten Tag Bananenscheiben, Beeren und Sojajoghurt in einen leistungsstarken Standmixer geben. Fein pürieren. Mit Agavendicksaft nach Geschmack süßen.

TIPP

Für ein Frozen Joghurt eignen sich neben Beeren und Bananen natürlich auch alle anderen frischen Sommerfrüchte!

Geeiste Honig-Charlotte mit Beeren

Braucht etwas Zeit

- ca. 20 (Dinkel-)Löffel-bisquits
- 400 g Sahne
- 50 g Zartbitter-Schokolade
- 1 TL Vanillepulver
- 5 Eigelb
- 75 g Blütenhonig
- 40 g Rohrzucker
- 150 g Sahnequark (40 % Fett)
- 300 g gemischte Beeren
- essbare Blüten zum Garnieren

☆ Für 1 Springform (18 cm Ø, 6–8 Portionen)

🕒 Zubereitungszeit: 40 Min. + 8 Std. Kühlzeit

✓ Pro Portion (bei 8 Portionen): 395 kcal; 26 g F, 7 g E, 33 g KH

❶ Die Springform mit Klarsichtfolie auslegen. Die Löffel-bisquits entlang des Rands aufrecht hinstellen. Sahne schlagen, kalt stellen. Schokolade fein hacken, über dem Wasserbad schmelzen, abkühlen, aber nicht fest werden lassen.

❷ Vanille mit Eigelben, Honig und Zucker über dem heißen Wasserbad mit dem Handrührgerät ca. 5 Minuten dick-cremig aufschlagen. Schüssel in eiskaltes Wasser stellen und mit dem Handrührgerät rühren, bis die Masse kalt ist. Dann den Quark unterrühren.

❸ Ein Drittel der Masse abnehmen. Erst Schokolade gut unterrühren, dann ein Drittel der geschlagenen Sahne unterheben. Restliche Sahne vorsichtig unter die übrige Honigmasse heben.

❹ Erst eine Hälfte des Honigparfaits in die vorbereitete Form geben. Darauf die Schokomasse verteilen, dann darauf die restliche Honigmasse.

❺ Die Massen mit einer Gabel leicht verquirlen, sodass ein Marmormuster entsteht. Für mindestens 8 Stunden oder über Nacht tiefkühlen.

❻ Zum Servieren das Parfait aus der Form und von der Folie lösen. 10 Minuten antauen lassen. Mit Beeren und Blüten garnieren.

Gegrillte Pfirsiche mit Ziegenfrischkäse

Köstliches Dessert

- **4 reife Pfirsiche**
- **1 EL Butter für die Form**
- **200 g Ziegenfrischkäse**
- **3 EL würziger Honig**
  (z. B. Waldhonig)
- **150 ml roter Traubensaft**
- **¼ TL Pfeffer**
- **2 EL Pistazienkerne**
  (ungesalzen)

☆ Für 4 Portionen

⟳ Zubereitungszeit: 30 Min.

⊘ Pro Portion: 355 kcal;
  23 g F, 8 g E, 30 g KH

❶ Die Pfirsiche waschen, halbieren und entsteinen. Pfirsiche mit der Schnittfläche nach oben in eine dick gebutterte Gratinform legen. Ziegenfrischkäse darauf verteilen und mit 1 ½ EL Honig beträufeln. Im Ofen ca. 15 Minuten bei ca. 170 °C garen, bis die Pfirsiche weich sind und der Käse leicht gebräunt ist.

❷ Für die Soße Traubensaft, 1 ½ EL Honig und Pfeffer in einem kleinen Topf in wenigen Minuten zu einem dicklichen Sirup einkochen lassen. Pistazien hacken. Die Pfirsiche aus dem Ofen nehmen und mit dem Traubensirup und gehackten Pistazien anrichten.

Herbst

Im Herbst schöpfen wir aus dem Vollen:
Kartoffeln, Kürbis, Zwiebeln, Feldsalat,
Rote Bete sowie Äpfel und Birnen.
Nun gibt es auch endlich frische Wald-
pilze, Lauch, Zwetschgen und
natürlich Weintrauben.

Gemüseeintopf mit Graupen

Vegan und gut vorzubereiten

- 100 g Perlgraupen
- Meersalz
- 2 Karotten
- 200 g Knollensellerie
- 1 Stange Lauch
- 2 Zwiebeln
- 2 Knoblauchzehen
- 3 EL Bratöl
- 800 ml Gemüsebrühe
- 300 g reife Pflaumen
- schwarzer Pfeffer, frisch gemahlen
- 1 Bund Schnittlauch
- 4 Scheiben Brot
- Pflanzenmargarine

☆ Für 4 Portionen

🕒 Zubereitungszeit: 45 Min.

⊘ Pro Portion: 375 kcal; 15 g F, 9 g E, 52 g KH

❶ Perlgraupen nach Packungsanweisung mit etwas Salz kochen, in ein Sieb abgießen und klar abspülen.

❷ Karotten und Sellerie schälen. Lauch aufschneiden und gründlich waschen. Zwiebeln und Knoblauch fein würfeln, Sellerie und Lauch etwas gröber würfeln, Karotten in Scheiben schneiden.

❸ Öl in einem Topf erhitzen, darin das Gemüse farblos anschwitzen. Gemüsebrühe angießen und das Ganze 15 Minuten leise köcheln lassen.

❹ Die Pflaumen waschen, vierteln und entkernen.

❺ Die Suppe mit Salz und Pfeffer abschmecken, Perlgraupen und Pflaumen hinzufügen, zum Kochen bringen und weitere 2 Minuten köcheln lassen. Schnittlauch waschen und in Röllchen schneiden.

❻ Zum Servieren die Brotscheiben mit Margarine bestreichen und mit wenig Schnittlauchröllchen bestreuen. Restlichen Schnittlauch über den Eintopf geben und sofort servieren.

Rote-Bete-Apfelsuppe

Vegan

- 500 g Rote Bete
- 2 säuerliche Äpfel
- 1 Zwiebel
- 1 Knoblauchzehe
- 1 EL Öl
- 400 ml Apfelsaft
- 200 ml Gemüsebrühe
- 150 ml Hafersahne
- Meersalz
- schwarzer Pfeffer, frisch gemahlen
- ca. 40 g Gemüsechips (Fertigprodukt)

❶ Rote Bete schälen und in kleine Stücke schneiden. Äpfel waschen, vierteln, entkernen und würfeln. Zwiebel fein würfeln, Knoblauch hacken.

❷ Öl in einem Topf erhitzen. Zwiebel und Knoblauch darin goldbraun anschwitzen. Rote Bete und Äpfel zugeben. 2 Minuten mitdünsten. Apfelsaft und Brühe zugeben. Aufkochen und 20 Minuten köcheln lassen, bis die Rote Bete weich ist. Sahne zugeben. Aufkochen lassen. Dann die Suppe fein pürieren und mit Salz und Pfeffer würzen.

❸ Suppe in vorgewärmte kleine Tassen oder hitzebeständige Gläser füllen. Die Gemüsechips dazu servieren.

☆ Für ca. 12 kleine Tassen (ca. 1 l)

🕒 Zubereitungszeit: 15 Min. + 20 Min. Garzeit

⊘ Pro Tasse: 80 kcal; 3 g F, 2 g E, 12 g KH

Kichererbsen-Eintopf

Vegan

- 300 g getrocknete Kichererbsen
- 2 Knoblauchzehen
- 30 g frischer Ingwer
- 300 g Karotten
- 200 g Zwiebeln
- 250 g Blattspinat
- 2 EL Öl
- 1 EL Currypulver
- 1,2 l Gemüsebrühe
- 3 EL Rosinen
- Meersalz
- 3 Stängel Minze

☆ Zutaten für 4 Portionen

🕒 Zubereitungszeit: 2 Std.
+ 8 Std. Einweichzeit

⊘ Pro Portion: 395 kcal;
12 g F, 18 g E, 53 g KH

❶ Kichererbsen über Nacht in kaltem Wasser einweichen. Anschließend das Wasser abgießen und die Kichererbsen abspülen. Dann in reichlich Wasser aufkochen und 1–1 ½ Stunden köcheln lassen, bis sie weich sind. Abgießen und gut abtropfen lassen.

❷ Knoblauch klein schneiden. Ingwer schälen und fein hacken. Karotten schälen und in 1 cm dicke Stücke schneiden. Zwiebeln grob würfeln. Spinat waschen, putzen und dicke Stiele entfernen. Spinat grob zerkleinern.

❸ Öl in einem Topf erhitzen. Knoblauch, Zwiebeln, Ingwer und Karotten darin 5 Minuten dünsten. Currypulver zugeben und kurz mitrösten. Brühe zugeben und aufkochen lassen. 15 Minuten köcheln lassen.

❹ Kichererbsen, Rosinen und Spinat zugeben. Weitere 5 Minuten köcheln lassen. Eintopf nach Geschmack mit Salz abschmecken. Minze waschen, zupfen und klein schneiden. Den Kichererbsen-Eintopf mit Minze bestreut servieren.

TIPP

Wer wenig Zeit hat, verwendet ca. 700 g Kichererbsen aus der Dose.

Kohlrabisuppe mit Ingwerchips

Raffiniert

Suppe
- 40 g Ingwer
- 500 g Kohlrabi
- 250 g Staudensellerie
- 3 Schalotten
- 2 EL Olivenöl
- 100 ml Apfelsaft
- 100 g Sahne
- 800 ml Gemüsebrühe
- 3 EL Mandelmus
- Meersalz
- schwarzer Pfeffer, frisch gemahlen

Ingwerchips
- 1–2 Ingwerknollen
- 2–3 EL Kartoffelstärke
- 500 ml Öl zum Frittieren
- Meersalz

☆ Für 4 Portionen

🕒 Zubereitungszeit: 20 Min.
+ 40 Min. Garzeit

⊘ Pro Portion: 365 kcal;
29 g F, 8 g E, 18 g KH

❶ Ingwer und Kohlrabi schälen. Sellerie waschen und putzen. Alles klein schneiden. Die Schalotten hacken. Olivenöl in einem Topf erhitzen und das vorbereitete Gemüse darin bei mittlerer Hitze ca. 5 Minuten andünsten. Mit Apfelsaft, Sahne und Brühe ablöschen und ca. 30 Minuten köcheln lassen. Dann mit dem Stabmixer fein pürieren und warm stellen.

❷ Für die Ingwerchips den Ingwer schälen und mit dem Gemüsehobel in hauchdünne Scheiben schneiden, mit Küchenpapier gut abtupfen, danach mit Kartoffelstärke bestäuben. Öl in einem Topf erhitzen. Ingwerscheiben im heißen Öl knusprig ausbacken. Auf Küchenpapier abtropfen lassen und mit Meersalz würzen.

❸ Mandelmus in die Suppe geben und mit dem Stabmixer aufschäumen. Die Suppe mit Salz und Pfeffer abschmecken, in die vorbereiteten Schüsseln geben, mit den Ingwerchips anrichten und servieren.

Rote Linsensuppe mit Kreuzkümmel

Vegan

- 1 Stange Staudensellerie
- 1 Zwiebel
- 1 Knoblauchzehe
- 100 g rote Linsen
- 6 EL Olivenöl
- 1 EL Tomatenmark
- 600 ml Gemüsebrühe
- Meersalz
- schwarzer Pfeffer, frisch gemahlen
- Saft von ½ Zitrone
- 1 gestrichener EL Kreuzkümmel
- 1 EL Weißweinessig
- ½ Bund Minze

☆ Für 4 Portionen

⏲ Zubereitungszeit: 35 Min.

⊘ Pro Portion: 260 kcal; 19 g F, 8 g E, 16 g KH

❶ Staudensellerie waschen und putzen. Zwiebel, Knoblauch und Sellerie fein würfeln. Linsen kalt abbrausen.

❷ Zwiebel, Knoblauch und Sellerie in 2 EL Olivenöl glasig anschwitzen, nach 2 Minuten 2 EL davon aus dem Topf nehmen und beiseitestellen. Tomatenmark zugeben, kurz mit anschwitzen. Linsen und Gemüsebrühe hinzufügen, salzen und pfeffern und alles unter gelegentlichem Rühren 15 Minuten köcheln lassen. Die Suppe mit einem Stabmixer pürieren und mit Salz, Pfeffer und Zitronensaft abschmecken.

❸ Kreuzkümmel im restlichen Öl rösten, abkühlen lassen. Dann den Essig untermischen. Minze waschen, zupfen und grob hacken.

❹ Suppe zum Servieren in Teller oder Schälchen füllen, das beiseite gestellte Gemüse und die Minze in die Mitte geben und mit dem Kreuzkümmel-Essig-Öl-Gemisch beträufeln.

Salat von Ofengemüse und frischen Kräutern

Vegan

- 2 kg gemischtes Gemüse (z. B. Karotten, Pastinaken, Kartoffeln, Brokkoli)
- 4 EL Olivenöl
- Meersalz
- schwarzer Pfeffer, frisch gemahlen
- nach Geschmack Koriander, Kümmel, Kreuzkümmel, Anis, jeweils frisch gemörsert
- 2 Lorbeerblätter
- 2–3 Handvoll gemischte frische Kräuter (z. B. Dill, Petersilie, Kerbel, Schnittlauch)
- 1 EL Senf
- 5 EL Weißweinessig
- 1 EL Agavendicksaft
- 3 EL Rapsöl
- 4 EL Sonnenblumen- oder Traubenkernöl

❶ Das Gemüse waschen und putzen. Wurzelgemüse in ca. 2 cm dicke Stücke, Kartoffeln in 2 cm dicke Spalten schneiden und Zwiebeln achteln. Brokkoli in mundgerechte Röschen teilen. Restliches Gemüse der Länge nach oder quer in kräftige, gleich dicke Scheiben schneiden.

❷ Die Gemüsesorten mit jeweils 1 EL Olivenöl, etwas Salz und Pfeffer und nach Geschmack mit weiteren frisch gemörserten Gewürzen mischen.

❸ 2 Backbleche mit Backpapier auslegen und darauf alle Gemüsesorten mit dem Lorbeer verteilen. Das Gemüse 25–30 Minuten in den auf 200 °C Umluft vorgeheizten Backofen schieben, währenddessen einmal wenden.

❹ Kräuter waschen, zupfen und klein schneiden. Senf, Weißweinessig, Salz, Pfeffer und Agavendicksaft mischen. Die beiden Öle unterrühren und nochmals abschmecken.

❺ Heißes Gemüse auf Teller verteilen, die Vinaigrette darüber träufeln und mit den Kräutern bestreuen.

☆ Für 4 Portionen

◔ Zubereitungszeit: 25 Min. + 30 Min. Backzeit

◯ Pro Portion: 505 kcal; 35 g F, 15 g E, 33 g KH

Lauwarmer Rosenkohlsalat mit Buchweizennudeln

Vegan

- 300 g Rosenkohl
- 2 rote Zwiebeln
- 10 g frischer Ingwer
- 1 Knoblauchzehe
- ½ rote Chilischote
- 2 EL Öl
- 100 ml Sojasoße
- 1 EL Rohrohrzucker
- 30 g geröstete, gesalzene Erdnüsse
- 100 g Buchweizennudeln
- Meersalz
- ½ Bund Schnittlauch

☆ Für 4 Portionen

🕑 Zubereitungszeit: 20 Min.
   + 10 Min. Garzeit

⊘ Pro Portion: 265 kcal;
   12 g F, 12 g E, 27 g KH

❶ Rosenkohl waschen, putzen und halbieren. Zwiebeln in Streifen schneiden. Ingwer schälen und fein hacken. Knoblauch und Chili fein hacken. 1 EL Öl in Pfanne erhitzen. Rosenkohl, Zwiebeln, Ingwer, Knoblauch und Chili zugeben und ca. 1 Minute heiß anbraten.

❷ Sojasoße und Zucker zugeben. Zugedeckt ca. 3–4 Minuten leise köcheln lassen. Nüsse hacken. Die Nudeln in kochendem Salzwasser 4–5 Minuten garen. Kurz kalt abspülen und gut abtropfen lassen.

❸ Rosenkohl und Nudeln mit 1 EL Öl gründlich mischen und lauwarm mit den Nüssen und den Schnittlauchröllchen bestreut servieren.

TIPP

Als Alternative zu Buchweizennudeln eignen sich auch Reisnudeln.

Avocado-Apfel-Salat mit Ingwerdressing

Vegan

- 20 g Ingwer
- 1–2 EL Bratöl
- Saft und abgeriebene Schale von 1 Limette
- 2 EL Agavendicksaft
- 1 EL Olivenöl
- 1 EL Haselnussöl
- Meersalz
- schwarzer Pfeffer, frisch gemahlen
- 4 Stangen Staudensellerie
- 1 Apfel
- 2 Avocados
- ca. 15 Basilikumblätter
- ca. 10 Kerbelzweige

❶ Ingwer schälen, in sehr feine Streifen schneiden und im Öl goldbraun anbraten. Ingwer, Limettensaft und Limettenabrieb mit Agavendicksaft, Olivenöl, Haselnussöl, Salz und Pfeffer vermengen.

❷ Sellerie waschen, putzen, Blätter abzupfen und die Stangen in schräge Scheiben schneiden. Apfel waschen, entkernen und in sehr dünne Scheiben schneiden. Die Avocados halbieren und in Spalten schneiden.

❸ Das vorbereitete Obst und Gemüse mit den Basilikum- und Kerbelblättern vermengen, auf einem Servierteller anrichten und mit dem Dressing beträufeln.

☆ Für 4 Portionen

◷ Zubereitungszeit: 20 Min.

⊘ Pro Portion: 425 kcal; 39 g F, 4 g E, 16 g KH

Kürbistarte mit Äpfeln und Birnen

Herzhafter Snack

Mürbeteig
- 200 g Mehl
- 50 g fein geriebener Parmesan
- 1 Msp. Backpulver
- 100 g weiche Butter

Füllung
- 150 g Butternut-Kürbis-fleisch (ohne Schale)
- 150 g Sahne
- 2 Eier
- Meersalz
- schwarzer Pfeffer, frisch gemahlen
- 1 säuerlicher Apfel
- 1 Birne
- 100 ml Weißwein
- 2 EL Zucker

Außerdem
- 4 EL Walnusskerne
- 2 Rosmarinzweige
- 1 EL Butter
- 50 g Schafskäse

- - - - - - - - - - - - - - - - - - - -

☆ Für 1 Tarteform (25 × 30 cm), ergibt 6–8 Stücke

- - - - - - - - - - - - - - - - - - - -

🕑 Zubereitungszeit: 1 Std. + 45 Min. Backzeit

- - - - - - - - - - - - - - - - - - - -

⊘ Pro Portion (bei 8 Stücken): 410 kcal; 30 g F, 10 g E, 24 g KH

❶ Für den Mürbeteig alle Zutaten rasch zu einem homogenen Teig kneten. Tarteform mit Butter fetten. Mürbeteig gleichmäßig dünn auf dem Boden und am Rand der Form verteilen, andrücken und mit einer Gabel einstechen.

❷ Für die Füllung das Kürbisfleisch würfeln und mit etwas Wasser in einem geschlossenen Topf bei mittlerer Temperatur weich kochen. Flüssigkeit abgießen und Kürbis mit Sahne und Eiern pürieren. Mit Salz und Pfeffer würzen.

❸ Apfel und Birne waschen, entkernen, nach Geschmack in Spalten oder Scheiben schneiden und diese in Weißwein, 100 ml Wasser und dem Zucker weich dünsten.

❹ Apfel- und Birnenscheiben trocken tupfen und auf der Tarte verteilen. Kürbismasse darauf geben und die Tarte für 30–40 Minuten in den auf 190 °C (Ober-/Unterhitze) vorgeheizten Backofen schieben.

❺ Walnüsse grob hacken, Rosmarinzweige in kleinere Stücke zupfen. Butter in einer kleinen Pfanne erhitzen, Rosmarin und Walnüsse darin knackig rösten und aus der Pfanne nehmen. Schafskäse mit den Händen grob zerbröseln.

❻ Die fertige Tarte aus dem Ofen nehmen, kurz abkühlen lassen und aus der Form heben. Mit Walnüssen, Rosmarin und Schafskäse bestreuen und möglichst direkt servieren.

Pastinaken-Kartoffel-Strudel

Vegan

- 400 g vorwiegend festkochende Kartoffeln
- 2 Knoblauchzehen
- ½ TL Kurkumapulver
- 4 EL Olivenöl
- Meersalz
- schwarzer Pfeffer, frisch gemahlen
- 2 EL Rosmarin, fein gehackt
- 400 g Pastinaken
- 2 TL Paprika edelsüß
- 1 Packung veganer Blätterteig
- 4 EL Hafer- oder Reismilch

☆ Für 4 Portionen

⟳ Zubereitungszeit: 25 Min.
+ 40 Min. Gesamt-Backzeit

⊘ Pro Portion: 470 kcal;
33 g F, 6 g E, 37 g KH

❶ Backofen auf 220 °C (Umluft 200 °C) vorheizen. Kartoffeln schälen, in 1 cm große Würfel schneiden. Knoblauch abziehen und durchpressen. Knoblauch, Kartoffeln, Kurkuma und 2 EL Olivenöl in einer Schüssel mischen. Mit Salz, Pfeffer und 1 EL Rosmarin würzen.

❷ Pastinaken schälen und in 1 cm große Würfel schneiden. Pastinaken, 2 EL Öl und Paprikapulver mischen. Mit Salz und Pfeffer würzen. Ein Backblech mit Backpapier belegen. Kartoffeln und Pastinaken darauf verteilen und bei mittlerer Höhe 15 Minuten im Backofen garen.

❸ Den Blätterteig ausrollen. Das gegarte Gemüse mit 2 EL Hafer- oder Reismilch gut durchmischen. (Die Kartoffeln können dabei ruhig etwas auseinanderfallen, dann hält die Füllung besser zusammen.) Den Blätterteig mehrmals mit einer Gabel einstechen. Füllung darauf verteilen. Dabei rundherum 3 cm Rand frei lassen. Von der Längsseite her fest zu einem Strudel aufrollen. Die Ränder unter den Strudel umschlagen. Auf ein mit Backpapier belegtes Backblech geben. Mit der restlichen Hafer- oder Reismilch einstreichen und mit 1 EL Rosmarin bestreuen. Den Pastinaken-Kartoffel-Strudel auf der untersten Schiene ca. 25 Minuten goldbraun backen.

Warmer Laugenknödel-Salat mit Räuchertofu

Gut vorzubereiten

- 250 g Brezeln
- 1 rote Zwiebel
- 200 ml Milch
- 2 Eier (Größe M)
- Meersalz
- schwarzer Pfeffer, frisch gemahlen
- 100 g Pistazienkerne
- 5 Stängel Petersilie
- 2 TL Senfpulver
- 1 TL Senf
- 50 ml Apfelessig
- 1–2 EL Agavensirup
- 1 Kopf Endiviensalat
- 1 Bund Schnittlauch
- 200 g geräucherter Tofu
- 9 EL Bratöl

☆ Für 4 Portionen

⏱ Zubereitungszeit: 40 Min.
+ 40 Min. Garzeit

✓ Pro Portion: 655 kcal;
36 g F, 26 g E, 56 g KH

❶ Die Brezeln klein schneiden und in eine Schüssel füllen. Zwiebel schälen, fein würfeln und dazugeben. Milch erwärmen und darübergießen. Eier unterrühren, mit Salz und Pfeffer würzen und 10 Minuten durchziehen lassen.

❷ Die Brezelmasse auf einem Geschirrtuch verteilen, dabei einen 4 cm breiten Rand freilassen. Das Tuch über die Masse schlagen und zu einer festen Rolle wickeln. Die Seiten mit Küchengarn wie ein Bonbon zubinden. Die Knödelrolle in reichlich Wasser ca. 30 Minuten köcheln, dann herausnehmen und abkühlen lassen.

❸ Pistazien und abgezupfte Petersilienblätter mit Senfpulver, Senf, Essig und Agavensirup zu einer feinen Masse pürieren. Etwas Wasser dazugeben, bis der Pistaziensenf die gewünschte Konsistenz hat. Endiviensalat waschen, putzen und zerkleinern. Schnittlauch waschen und in Röllchen schneiden.

❹ Tofu in Scheiben schneiden und in 3 EL Öl von beiden Seiten goldbraun anbraten. Warm stellen.

❺ Den fertigen Serviettenknödel aus dem Tuch wickeln, in fingerdicke Scheiben schneiden. Im restlichen Öl bei mittlerer bis starker Hitze von beiden Seiten goldbraun und knusprig anbraten. Gebratene Knödel mit dem Salat, Schnittlauch und Pistaziensenf auf einer Servierplatte anrichten.

Birnen und Bohnen mit Tofu

Vegan

- 300 g grüne Buschbohnen
- 300 g breite grüne Bohnen
- Meersalz
- 4 Williamsbirnen
- 30 g Zucker
- 500 ml Quittensaft
- 1 EL Pflanzenmargarine
- 2 Schalotten
- 1 Knoblauchzehe
- 50 g Pflanzenmargarine
- 1 EL Mehl
- 300 ml Gemüsebrühe
- 200 g geräucherter Tofu
- 2–3 EL Pflanzenöl
- ½ Bund Bohnenkraut
- schwarzer Pfeffer, frisch gemahlen

☆ Für 4 Portionen

🕐 Zubereitungszeit: 45 Min.

⊘ Pro Portion: 450 kcal; 25 g F, 14 g E, 43 g KH

❶ Bohnen putzen und in Salzwasser bissfest blanchieren (ca. 4 Minuten). Bohnen abgießen, in Eiswasser abschrecken und abtropfen lassen.

❷ Birnen waschen und halbieren. Zucker in einer breiten Pfanne hell karamellisieren, mit Quittensaft ablöschen und die Birnen nebeneinander mit der Schnittseite nach unten in die Pfanne setzen. Margarine hinzufügen und die Birnen mit einem zurechtgeschnittenen Stück Backpapier bedecken (dadurch garen sie gleichmäßiger). Die Birnen bei mittlerer Temperatur ca. 15 Minuten garen, bis sie weich sind.

❸ Schalotten und Knoblauch fein würfeln. Erst die Schalottenwürfel in der Margarine farblos anschwitzen, dann den Knoblauch hinzufügen.

❹ Mehl darüberstäuben, 2 Minuten bei mittlerer Temperatur rösten, dann die Gemüsebrühe angießen und mit einem Schneebesen glatt rühren. Bohnen zugeben, die Flüssigkeit auf die Hälfte einkochen lassen und währenddessen mehrmals umrühren.

❺ Tofu in dünne Scheiben schneiden. Das Öl in einer breiten Pfanne erhitzen und die Tofuscheiben darin von beiden Seiten braten, bis sie Farbe annehmen.

❻ Bohnenkraut waschen, zupfen und grob hacken. Bohnenkrautblättchen zu den Bohnen geben. Das Bohnengemüse mit Salz und Pfeffer abschmecken und mit den Birnen und dem Tofu servieren. Dazu passen Pellkartoffeln.

Gebratenes Gemüse mit Trauben und Spinat

Vegan

- 500 g Hokkaido-Kürbisfleisch
- 1 Stange Lauch
- 300 g Blattspinat
- 1 Knoblauchzehe
- 1 Zwiebel
- 100 ml Gemüsebrühe
- 2 EL Senf
- 100 ml Sojasahne
- 2 EL Olivenöl
- 200 g helle und dunkle Trauben
- Meersalz
- 1 EL geröstete Sesamsaat

☆ Für 2 Portionen

⟳ Zubereitungszeit: 20 Min. + 10 Min. Garzeit

⊘ Pro Portion: 410 kcal; 25 g F, 11 g E, 33 g KH

❶ Das Kürbisfleisch in 1,5 cm dicke Spalten schneiden. Lauch längs halbieren, gründlich waschen und in Ringe schneiden. Spinat waschen und putzen. Knoblauch und Zwiebel fein hacken. Brühe mit Senf und Sojasahne verrühren.

❷ Öl in einer großen Pfanne erhitzen. Kürbis von beiden Seiten 2 Minuten anbraten. Lauch, Zwiebeln und Knoblauch zugeben. Weitere 2 Minuten braten. Weintrauben waschen.

❸ Spinat, Brühemischung und Weintrauben zugeben. Aufkochen und 3 Minuten köcheln lassen. Nach Geschmack nachsalzen und mit Sesam bestreut servieren.

Geschmorter Lauch mediterran

Vegan

- 6 Stangen Lauch
- 500 ml Gemüsebrühe
- 3 Lorbeerblätter
- 4 EL Olivenöl
- Meersalz
- schwarzer Pfeffer, frisch gemahlen
- 3 EL getrocknete Tomaten
- 2 EL schwarze Oliven
- 2 EL Kapernäpfel

☆ Für 4 Portionen

⏱ Zubereitungszeit: 10 Min. + 20 Min. Backzeit

⊘ Pro Portion: 220 kcal; 19 g F, 5 g E, 9 g KH

❶ Lauch putzen und die Wurzel nur knapp entfernen, damit die Blätter zusammenhalten. Lauchstangen längs halbieren und gründlich waschen. Lauchhälften kürzen, in eine Auflaufform geben, mit Gemüsebrühe auffüllen und so viel Wasser zugeben, dass die Stangen knapp bedeckt sind.

❷ Lorbeerblätter hinzufügen, Olivenöl darüber träufeln und den Lauch mit Salz und Pfeffer würzen.

❸ Die Auflaufform in den auf 180 °C vorgeheizten Backofen schieben. Getrocknete Tomaten in ca. 1 cm breite Streifen schneiden (sehr salzige Tomaten in kleinere Stücke schneiden). Nach etwa 10 Minuten die Lauchstangen wenden und die getrockneten Tomaten darüber verteilen. Nach weiteren 5 Minuten Oliven und Kapernäpfel hinzufügen und das Ganze so lange im Ofen lassen, bis der Lauch weich ist.

❹ Auflaufform aus dem Ofen nehmen und den geschmorten Lauch samt Sud sofort servieren.

Polenta mit Roquefort und Birnen

Süß und pikant

Polenta
- 1 Zwiebel
- 2 Knoblauchzehen
- 3 EL Olivenöl
- 2 Lorbeerblätter
- 1 l Gemüsebrühe
- 150 g Polenta
- Meersalz
- schwarzer Pfeffer, frisch gemahlen
- 30 g geriebener Parmesan

Außerdem
- 3 feste Birnen
- 5 EL Olivenöl
- 2 EL Honig
- 3 Zweige Rosmarin
- einige Ringe roter Chili
- Meersalz
- schwarzer Pfeffer, frisch gemahlen
- 150 g zimmerwarmer Roquefort

❶ Zwiebel und Knoblauch fein würfeln und in Olivenöl anschwitzen. Lorbeerblätter und Brühe zugeben und zum Kochen bringen. Polenta langsam unterrühren und einmal aufkochen lassen. Temperatur bis knapp unter den Siedepunkt verringern, mit Salz und Pfeffer würzen, den Deckel aufsetzen und unter Rühren 30 Minuten ziehen lassen.

❷ Birnen schälen und der Länge nach achteln. In Olivenöl, Honig und Rosmarin anbraten und karamellisieren. Chili, Salz und Pfeffer zugeben.

❸ Geriebenen Parmesan unter die Polenta rühren. Polenta auf 4 Teller verteilen und mit dem Roquefort und den Birnenspalten servieren.

☆ Für 4 Portionen

🕒 Zubereitungszeit: 15 Min. + 30 Min. Garzeit

⊘ Pro Portion: 605 kcal; 39 g F, 15 g E, 50 g KH

Zitronenrisotto mit Kräuterseitlingen

Schmeckt nach Urlaub

- 1 Schalotte
- 2 Knoblauchzehen
- 6 EL Olivenöl
- 300 g Risottoreis
- ca. 1 l Gemüsebrühe
- 50 ml trockener Weißwein
- 100 g Schafskäse
- ½ rote Chilischote
- 3 Thymianzweige
- 200 g Kräuterseitlinge oder Austernpilze
- ½ Bund Petersilie
- Meersalz
- schwarzer Pfeffer, frisch gemahlen
- Saft und abgeriebene Schale von 1 Zitrone
- 60 g geriebener Parmesan
- 50 g kalte Butter

☆ Für 4 Portionen

◔ Zubereitungszeit: 45 Min.

⊘ Pro Portion 690 kcal; 41 g F, 18 g E, 61 g KH

❶ Schalotte und Knoblauch fein würfeln. In 2 EL Olivenöl farblos anschwitzen. Reis zugeben und bei mittlerer Temperatur farblos anschwitzen. Gemüsebrühe aufkochen.

❷ Den Reis mit Weißwein ablöschen und fast vollständig einkochen lassen. Etwa ein Viertel der heißen Brühe zugießen, einkochen lassen und nach und nach weiter Brühe zugeben. Währenddessen häufig (aber nicht ständig) umrühren. Soviel Brühe zugeben und das Risotto garen, bis es al dente gekocht ist. Das Risotto soll recht flüssig sein.

❸ Schafskäse in Würfel schneiden. Chilischote entkernen und fein hacken. Chili, Thymianblättchen und 2 EL Olivenöl mit dem Schafskäse vermischen.

❹ Kräuterseitlinge putzen und in 1 cm breite Scheiben schneiden. Petersilie waschen, zupfen und fein hacken. Restliches Olivenöl in einer Pfanne erhitzen und Kräuterseitlinge darin anbraten. Mit Salz und Pfeffer würzen.

❺ Petersilie, Zitronensaft, die Hälfte des Zitronenabriebs, Parmesan und Butter unter das Risotto ziehen. Mit Salz und Pfeffer abschmecken. Kräuterseitlinge und Schafskäse auf das Risotto setzen und mit dem restlichen Zitronenabrieb garnieren. Sofort servieren.

Käsespätzle mit Apfelringen

Zum Sattessen

- 300 g Vollkorn-Weizenmehl
- 200 g Weizenmehl Type 1050
- 5 Eier
- 2 Eigelb
- Meersalz
- 80 ml Mineralwasser
- 4 Zwiebeln
- 6 EL Butter
- 300 g Bergkäse, gerieben
- 2 Äpfel
- 1–2 EL Zucker

☆ Für 6 Portionen

Zubereitungszeit: 1 Std. + 10 Min. Backzeit

✓ Pro Portion: 720 kcal; 36 g F, 32 g E, 65 g KH

❶ Mehle, Eier, Eigelbe, 1 TL Salz und Mineralwasser zu einem zähen Teig rühren. Kräftig schlagen, bis der Teig Blasen wirft. Zugedeckt 30 Minuten ruhen lassen.

❷ Zwiebeln in Streifen schneiden und in 3 EL Butter anbraten.

❸ In einem Topf Wasser mit 1 EL Salz aufkochen. Teig mit einer Spätzlepresse portionsweise ins kochende Wasser drücken. Umrühren. Sobald die Spätzle nach oben kommen, in eine gebutterte Auflaufform füllen. Etwas Käse und Zwiebeln darüber streuen. Weitere Schichten einfüllen, mit Spätzle abschließen.

❹ 3 EL Spätzlewasser darübergießen. Backpapier buttern. Mit der Butterseite nach unten die Auflaufform abdecken. Für 10 Minuten bei 180 °C backen.

❺ Äpfel waschen, entkernen und in Ringe schneiden. Restliche Butter mit Zucker in einer Pfanne erhitzen, Apfelringe darin bei mittlerer Temperatur karamellisieren. Mit den Käsespätzle servieren. Dazu passt Salat.

Apfel-Rosmarin-Tarte Tatin

Für Könner

Teig
- 60 g helles Mehl
- 60 g Vollkornmehl
- 2 EL Agavendicksaft
- 1 Eigelb
- 60 g Butter

Äpfel
- 3–4 Äpfel
- 2 Zweige Rosmarin
- 2 EL Butter
- 3 EL Agavendicksaft

☆ Für 4 Portionen
(ofenfeste Pfanne, 25 cm Ø)

🕒 Zubereitungszeit: 30 Min.
+ 30 Min. Kühlzeit
+ 15 Min. Backzeit

⊘ Pro Portion: 400 kcal;
21 g F, 4 g E, 49 g KH

❶ Beide Mehlsorten, Agavendicksaft, Eigelb und Butter zu einem glatten Teig kneten. Den Teig in Folie wickeln und 30 Minuten kalt stellen.

❷ Äpfel schälen, entkernen und achteln. Rosmarin waschen und zupfen. Butter in einer ofenfesten Pfanne schmelzen. Agavendicksaft und Rosmarinnadeln hinzufügen. Apfelspalten kreisförmig in die Pfanne legen. So lange dünsten, bis der Agavendicksaft leicht karamellisiert.

❸ Teig ausrollen und auf die Äpfel legen. Tarte Tatin in der Pfanne bei 200 °C Ober-/Unterhitze circa 15 Minuten goldbraun backen.

❹ Die Tarte aus dem Ofen nehmen. Teller auf die Pfanne setzen und die Tarte schwungvoll, aber vorsichtig stürzen. Die Apfel-Rosmarin-Tarte Tatin warm servieren.

TIPP

Dazu passen geschlagene oder flüssige Sahne, Mascarpone oder Crème fraîche.

Rotweinbirnen mit Cantuccinibröseln

Fruchtig-süß

- 4 kleine feste Birnen
- ½ Vanilleschote
- 400 ml Rotwein (oder Traubensaft, dann entsprechend weniger Agavendicksaft)
- 100 ml Agavendicksaft

Außerdem
- 150 g Sahne
- 1 TL Agavendicksaft
- 80 g Cantuccini (ital. Mandelgebäck)
- 40 g Butter

☆ Für 4 Portionen

◷ Zubereitungszeit: 20 Min.
+ 10 Min. Garzeit
+ 1 Std. Marinierzeit

⊘ Pro Portion: 490 kcal;
24 g F, 4 g E, 53 g KH

❶ Birnen schälen, längs halbieren und entkernen. Vanilleschote aufschlitzen, das Mark herauskratzen und beiseitelegen.

❷ Rotwein mit Agavendicksaft und der Vanilleschote aufkochen. Birnen zugeben und 8–10 Minuten pochieren. Die Birnen im Wein bei Zimmertemperatur mindestens 1 Stunde auskühlen lassen. Dann die Birnen herausnehmen und die Flüssigkeit um die Hälfte einkochen lassen.

❸ Sahne, 1 TL Agavendicksaft und Vanillemark steif schlagen. Kalt stellen. Cantuccini in einen Gefrierbeutel geben und mit einem Topfboden zu Krümeln zerstoßen.

❹ Vor dem Servieren Butter in einer Pfanne schmelzen und die Cantuccinibrösel darin leicht bräunen. Die Birnen gut abgetropft auf Tellern anrichten, die Brösel darüber geben. Dazu die Schlagsahne servieren.

Churros con Chocolate

Für Gäste

- 100 ml Milch
- 100 g Sahne
- abgeriebene Schale von 1 Orange
- 100 g Zartbitter-Schokolade
- 1 Prise Meersalz
- 40 g Butter
- 100 g Weizenmehl Type 1050
- 3 Eier
- ca. 800 ml Öl zum Frittieren
- 5 EL feiner Rohrzucker

☆ Für 4 Portionen

◔ Zubereitungszeit: 20 Min. + ca. 20 Min. Backzeit

⊘ Pro Portion: 700 kcal; 54 g F, 12 g E, 43 g KH

❶ Milch, Sahne und Orangenabrieb aufkochen. Schokolade fein hacken, zugeben und glatt rühren. Beiseite stellen.

❷ 180 ml Wasser mit Salz und Butter aufkochen. Das Mehl auf einmal zugeben. Mit einem Holzlöffel kräftig rühren, bis ein Teigkloß entsteht und sich eine weiße Schicht am Topfboden bildet. Vom Herd nehmen. Eier nacheinander mit den Knethaken des Handrührgeräts einarbeiten. Den Teig in einen Spritzbeutel mit Sterntülle füllen.

❸ Öl in einem hohen, breiten Topf auf 180 °C erhitzen. Den Teig portionsweise in 10 cm langen Strängen ins Fett drücken. 4 Minuten goldbraun frittieren, ab und zu wenden. Herausnehmen, abtropfen lassen. Mit Zucker bestreuen und heiß mit der Schokoladensoße servieren.

Winter

Im Winter wird's deftig: Weißkohl, Spitzkohl, Rotkohl, Rosenkohl, Wirsing und Grünkohl. Auch Schwarzwurzeln haben jetzt Saison. Frisches Obst kommt aus dem Mittelmeerraum, wie Winterorangen und Mandarinen.

Rote-Bete-Suppe mit Kichererbsen

Vegan und raffiniert

- 500 g Rote Bete
- 1 Zwiebel
- 1 EL Öl
- 1 TL Cumin, gemahlen
- 600 ml Gemüsebrühe
- 400 ml Kokosmilch
- 3 Frühlingszwiebeln
- Fruchtfleisch von ½ Kokosnuss
- 200 g gegarte Kichererbsen (Glas)
- Meersalz
- schwarzer Pfeffer, frisch gemahlen

☆ Für 4 Portionen

⏲ Zubereitungszeit: 20 Min. + 35 Min. Garzeit

⊘ Pro Portion: 270 kcal; 9 g F, 17 g E, 76 g KH

❶ Rote Bete schälen und in 2 cm große Würfel schneiden. Zwiebel fein würfeln.

❷ Öl in einem Topf erhitzen und die Zwiebel darin glasig dünsten. Rote Bete zugeben und 3 Minuten mitdünsten. Cumin kurz mitrösten. Brühe und Kokosmilch zugießen. Aufkochen und 30 Minuten köcheln lassen.

❸ Frühlingszwiebeln waschen, putzen und schräg in feine Ringe schneiden. Das Kokosnuss-Fruchtfleisch dünn hobeln.

❹ Die Hälfte der Roten Bete mit einer Kelle herausnehmen. Restliche Suppe fein pürieren. Rote-Bete-Würfel zurückgeben. Kichererbsen zugeben. Suppe aufkochen und weitere 3 Minuten köcheln. Salzen und pfeffern.

❺ Die Hälfte der Frühlingszwiebeln und die Kokosnuss unterrühren. Mit dem Rest die Suppe garnieren.

Asiatische Weißkohlsuppe

Vegan

- 600 g Weißkohl
- 400 g Karotten
- 30 g Ingwer
- 2 Knoblauchzehen
- 200 g Langkorn-Vollkornreis
- Meersalz
- 1 EL Öl
- 1 l Gemüsebrühe
- 200 g Tofu
- 250 ml Kokosmilch
- rote Currypaste nach Geschmack
- 2–3 EL Limettensaft

☆ Für 4 Portionen

🕒 Zubereitungszeit: 20 Min + 30 Min. Garzeit

✓ Pro Portion: 380 kcal; 10 g F, 16 g E, 55 g KH

❶ Weißkohl waschen und putzen. Den Strunk entfernen und den Weißkohl in Streifen schneiden. Karotten schälen und schräg in 1 cm dicke Scheiben schneiden. Ingwer schälen und fein hacken. Knoblauch klein schneiden. Den Reis nach Packungsanweisung garen.

❷ Öl in einem breiten Topf erhitzen. Knoblauch und Ingwer darin 1 Minute anschwitzen. Kohl und Karotten zugeben. 5 Minuten dünsten. Brühe zugeben. Aufkochen lassen, 15 Minuten köcheln lassen.

❸ Tofu in mundgerechte Stücke brechen. Tofu, Kokosmilch und Currypaste zur Suppe geben. 5 Minuten köcheln lassen. Mit Salz und Limettensaft würzen. Mit dem Reis servieren.

Feldsalat mit Granatapfel

Vegan

- 1 kleiner Granatapfel
- 1 EL Zitronensaft
- 2 TL grobkörniger Senf
- 1 EL Ahornsirup
- 4 EL Olivenöl
- Meersalz
- schwarzer Pfeffer, frisch gemahlen
- 250 g Feldsalat
- 1 kleiner Radicchio
- 150 g Karotten

☆ Zutaten für 4 Portionen

🕐 Zubereitungszeit: 20 Min.

⊘ Pro Portion: 170 kcal; 13 g F, 2 g E, 13 g KH

❶ Den Granatapfel halbieren. Eine Hälfte mithilfe einer Zitronenpresse auspressen. Die Kerne aus der anderen Hälfte herauslösen.

❷ Granatapfelsaft, Zitronensaft, Senf und Ahornsirup verquirlen. Das Öl nach und nach mit dem Schneebesen kräftig unterschlagen. Mit Salz und Pfeffer würzen.

❸ Feldsalat waschen, putzen und trocken schleudern. Radicchio waschen, vierteln und den Strunk herausschneiden. Karotten schälen und mit einem Sparschäler oder auf einem Hobel längs hobeln. Karotten, Radicchio, Granatapfelkerne, Dressing und Feldsalat mischen. Sofort servieren.

Rotkohl-Linsen-Salat

Einfach

- 500 g Rotkohl
- Meersalz
- 4 EL Apfelessig
- 120 g Puy-Linsen
- 2 kleine, feste Birnen
- 300 ml Weißwein oder Apfelsaft
- 4 EL Apfeldicksaft
- 1 Stück Sternanis
- 1 TL Senfsaat
- 2 EL mittelscharfer Senf
- 2 EL Gemüsebrühe
- 2 EL (Walnuss-)Öl
- 2 EL glatte Petersilie, fein geschnitten
- schwarzer Pfeffer, frisch gemahlen
- 100 g Blauschimmelkäse

❶ Rotkohl waschen, vierteln, Strunk entfernen und in feine Streifen schneiden. Mit ½ TL Salz und 2 EL Essig mischen. 3 Minuten kräftig kneten. 30 Minuten stehen lassen.

❷ Die Linsen in Salzwasser nach Packungsanweisung ca. 25–30 Minuten garen, abgießen und auskühlen lassen.

❸ Birnen schälen, längs halbieren und die Kerngehäuse entfernen. Wein mit 2 EL Apfeldicksaft, 2 EL Essig, Sternanis und Senfsaat aufkochen. Birnen zugeben, abgedeckt 3 Minuten köcheln lassen. Im Sud auskühlen lassen.

❹ Rotkohl und Linsen mit Senf, Brühe, 2 EL Apfeldicksaft, Öl und Petersilie mischen. Mit Salz und Pfeffer abschmecken.

❺ Blauschimmelkäse je nach Konsistenz zerbröseln oder in Stücke schneiden. Salat anrichten, den Käse darüber verteilen und mit den Birnenhälften anrichten.

☆ Für 4 Portionen

⏱ Zubereitungszeit: 1 Std.

⊘ Pro Portion: 395 kcal; 15 g F, 16 g E, 36 g KH

Handpies mit Grünkohl

Herzhafter Snack

Teig
- 250 g Vollkorn-Dinkelmehl
- 1 Prise Meersalz
- 150 g kalte Butter
- 1 Ei
- Mehl für die Arbeitsfläche
- 1 Eigelb zum Bestreichen
- 2 EL Sesam zum Bestreuen

Füllung
- 150 g Grünkohl
- 1 Knoblauchzehe
- 1 Ei
- 100 g Feta
- 200 g Crème fraîche
- Meersalz
- schwarzer Pfeffer, frisch gemahlen
- 2 EL Milch
- 1 TL Harissa (scharfe Gewürzpaste)

☆ Für ca. 12 Stück

⌚ Zubereitungszeit: 40 Min.
+ 1 Std. Kühlzeit
+ 25 Min. Backzeit

⊘ Pro Portion 265 kcal;
20 g F, 7 g E, 15 g KH

❶ Für den Teig das Mehl mit Salz, Butter, Ei und 1 EL kaltem Wasser zu einem Teig kneten. In Folie gewickelt 1 Stunde kalt stellen.

❷ Grünkohl waschen, putzen und in Salzwasser 5 Minuten garen. Abtropfen lassen, ausdrücken und Blattrippen herausschneiden, dann den Grünkohl fein hacken. Knoblauch fein hacken. Grünkohl, Knoblauch, das Ei, zerbröselten Feta und 60 g Crème fraîche mischen. Mit Salz und Pfeffer würzen.

❸ Teig auf einer bemehlten Fläche ca. 4 mm dünn ausrollen. Je 12 Kreise mit 8,5 cm und 9,5 cm Durchmesser ausstechen. Die kleineren Kreise auf ein mit Backpapier belegtes Backblech geben und mit etwas Füllung belegen, 1 cm frei lassen. Größere Kreise in der Mitte kreuzförmig einschneiden, über die Füllung legen und die Ränder mit einer Gabel andrücken.

❹ Eigelb mit 1 EL Wasser verdünnen und die Handpies damit einstreichen. Mit Sesam bestreuen. Auf der 2. Schiene von unten 20–25 Minuten bei 200 °C (Umluft 180 °C) goldbraun backen.

❺ Restliche Crème fraîche mit Milch und Harissa verrühren und dazu servieren.

Gedünstete Karotten mit Couscous

Einfach

- **500 ml frisch gepresster Orangensaft**
- **150 g Instant-Couscous**
- **3 EL Olivenöl**
- **Meersalz**
- **600 g Karotten**
- **80 g Fetakäse**
- **1 Bund Koriandergrün (oder glatte Petersilie)**

☆ Für 4 Portionen

⏱ Zubereitungszeit: 20 Min. + 12 Min. Garzeit

⊘ Pro Portion: 355 kcal; 14 g F, 11 g E, 46 g KH

❶ 300 ml Orangensaft aufkochen. Über den Couscous geben und zugedeckt 10 Minuten quellen lassen. Couscous mit einer Gabel auflockern. 2 EL Olivenöl unterrühren. Mit Salz abschmecken.

❷ Karotten waschen, putzen, längs halbieren, große vierteln. Im restlichen Olivenöl 1 Minute anbraten. 200 ml Orangensaft zugeben. 10–12 Minuten bei mittlerer Hitze bissfest dünsten. Mit Salz abschmecken.

❸ Karotten anrichten. Fetakäse zerbröseln und darüber geben. Couscous nochmals auflockern und dazu servieren. Mit grob gezupften Korianderblättern bestreuen.

TIPP

Die Reste schmecken prima kalt als Salat.

Gnocchi mit Kürbis

Braucht etwas Zeit

Gnocchi
- 1 kg mehlige Kartoffeln
- 2 EL Meersalz
- 200 g Mehl
- 120 g Hartweizengrieß
- 4 Eigelb
- Meersalz
- schwarzer Pfeffer, frisch gemahlen
- etwas Muskatnuss, frisch gerieben
- 5 EL Olivenöl
- Mehl für die Arbeitsfläche

Kürbis
- 1 Hokkaidokürbis
- 3 EL Olivenöl
- Meersalz
- schwarzer Pfeffer, frisch gemahlen

Außerdem
- 2 Rosmarinzweige
- 6 getrocknete Tomaten in Öl
- 3 EL Butter

☆ Für 4 Portionen

⏱ Zubereitungszeit: 1 Std. 20 Min.

⊘ Pro Portion: 895 kcal; 44 g F, 20 g E, 104 g KH

❶ Kartoffeln weich kochen, pellen und noch heiß stampfen. Mit den übrigen Zutaten außer dem Öl zu einer Masse kneten. Dann mit Salz, Pfeffer und Muskatnuss abschmecken und auf bemehlter Arbeitsfläche zu dünnen Rollen formen.

❷ Die Rollen mit einem Messer in 5-10 g schwere Gnocchi schneiden und auf ein bemehltes Backpapier setzen. Gnocchi in kochendes Salzwasser gleiten lassen, dann die Temperatur etwas verringern und simmernd ca. 4 Minuten garen, bis sie oben schwimmen. Abgetropfte Gnocchi mit Olivenöl beträufeln und beiseitestellen.

❸ Kürbis waschen, entkernen und in Spalten schneiden. Kürbisspalten mit Olivenöl, Salz und Pfeffer mischen, auf ein mit Backpapier ausgelegtes Blech setzen und ca. 20 Minuten im auf 180 °C vorgeheizten Ofen backen.

❹ Rosmarin zupfen und getrocknete Tomaten in Streifen schneiden. Butter in 2 großen Pfannen aufschäumen und Gnocchi darin goldbraun anbraten. Tomatenstreifen und Rosmarinnadeln zugeben und mit den Kürbisspalten servieren.

TIPP

Sie können die Gnocchi schon im Voraus zubereiten: Mit Mehl bestäuben und auf einem Tablett einfrieren, anschließend in einen Gefrierbeutel umfüllen.

Wirsingpäckchen mit Grünkernfüllung

Herzhaft

- 8 mittelgroße Wirsingblätter
- Meersalz
- 100 g Grünkernschrot
- 50 g Haselnüsse, gehackt
- 1 Zwiebel
- 2 EL Butter
- 50 g Rosinen
- 200 g Fetakäse
- ½ Bund glatte Petersilie
- 2 Eier
- schwarzer Pfeffer, frisch gemahlen
- 150 ml Gemüsebrühe
- Butter für die Form

☆ Für 4 Portionen

◔ Zubereitungszeit: 30 Min. + 25 Min. Backzeit

⊘ Pro Portion: 470 kcal; 30 g F, 21 g E, 30 g KH

❶ Wirsingblätter waschen und in Salzwasser 2 Minuten blanchieren. Dann abgießen, abschrecken und abtropfen lassen.

❷ Grünkernschrot und Haselnüsse bei niedriger Temperatur rösten, bis die Mischung duftet. Mit 250 ml Wasser ablöschen, kurz aufkochen und in eine Schüssel geben.

❸ Zwiebel würfeln und in ½ EL Butter anschwitzen. Rosinen und ca. 100 ml Wasser zugeben, kurz aufkochen und zum Grünkernschrot geben.

❹ Feta würfeln. Petersilie waschen, zupfen und hacken. Die Hälfte des Fetas, Petersilie und Eier mit der Grünkernmischung verrühren. Mit Salz und Pfeffer würzen.

❺ Wirsingblätter nebeneinander legen, untere Strunkteile herausschneiden. Füllung auf die Blätter setzen und in die Blätter einrollen. Die Päckchen mit der geschlossenen Seite nach oben in eine gefettete Auflaufform setzen, mit der restlichen Butter bestreichen und mit restlichem Feta bestreuen. Gemüsebrühe in die Form gießen. Bei 180 °C 15 Minuten zugedeckt im Ofen backen, danach den Deckel abnehmen und weitere 10 Minuten backen.

Serviettenknödel mit Rosenkohl

Braucht etwas Zeit

Serviettenknödel
- 300 ml Milch
- 350 g Weißbrot vom Vortag
- 1 Bund glatte Petersilie
- 4 zimmerwarme Eier
- 120 g weiche Butter
- Meersalz
- schwarzer Pfeffer, frisch gemahlen
- Muskatnuss, frisch gerieben

Rosenkohl
- 500 g Rosenkohl
- 1 Schalotte
- 1 EL Butter
- 200 ml Gemüsebrühe
- 100 g Sahne
- schwarzer Pfeffer, frisch gemahlen
- Meersalz
- ½ Bund Petersilie

☆ Für 4 Portionen

⏱ Zubereitungszeit: 50 Min.
   + 40 Min. Ziehzeit
   + 45 Min. Garzeit

⊘ Pro Portion: 730 kcal;
   47 g F, 24 g E, 54 g KH

❶ Die Milch erhitzen. Für die Serviettenknödel Weißbrot in dünne Scheiben schneiden, mit heißer Milch in eine Schüssel geben und 40 Minuten ziehen lassen. Petersilie waschen, zupfen und fein hacken.

❷ Eier trennen. Eigelbe mit 100 g Butter in einer Schüssel schaumig schlagen. Eiweiß steif schlagen.

❸ Brotmasse und Petersilie zur Eigelb-Butter-Masse hinzufügen, mit Salz, Pfeffer und etwas Muskat würzen. Dann den Eischnee unterheben.

❹ Ein sauberes Küchenhandtuch mit der restlichen Butter zur Hälfte einfetten. Die Masse darauf zu einer gleichmäßigen Rolle verteilen, dann das Tuch straff aufrollen und links und rechts zubinden.

❺ Den Serviettenkloß in kochendes Salzwasser legen. Die Temperatur verringern und den Topf mit einem Deckel schließen, etwa 45 Minuten leise simmern lassen und nach der Hälfte der Kochzeit einmal wenden. Fertigen Kloß aus dem Wasser heben und 10 Minuten ausdampfen lassen.

❻ Rosenkohl waschen, putzen und bissfest blanchieren. Schalotte würfeln und in Butter anschwitzen, Gemüsebrühe und Sahne zugeben, Rosenkohl hinzufügen und mit Salz und Pfeffer würzen. Petersilie waschen, zupfen und klein schneiden.

❼ Serviettenkloß in 2 cm dicke Scheiben schneiden und mit dem Rosenkohl und der gehackten Petersilie servieren.

Safranreis mit Mandeln und Granatapfel

Vegan

- 3 EL Olivenöl
- 300 g Jasminreis (evtl. als Mischung mit Wildreis)
- 1 Prise Safranfäden
- Meersalz
- 50 g gehobelte Mandeln
- 1 kleiner Granatapfel
- ½ Bund glatte Petersilie

☆ Für 4 Portionen

◔ Zubereitungszeit: 20 Min. + 20 Min. Garzeit

✓ Pro Portion: 440 kcal; 16 g F, 8 g E, 65 g KH

❶ 1 EL Öl in einem Topf erhitzen. Den Reis zugeben und kurz darin anschwitzen. Safran und 600 ml Wasser hinzufügen. Aufkochen lassen. Durchrühren und salzen. Die Hitze ausschalten und den Reis zugedeckt 20 Minuten quellen lassen.

❷ Mandeln in einer Pfanne ohne Fett anrösten. Den Granatapfel aufbrechen und die Kerne herauslösen. Petersilie waschen, trocken schütteln, zupfen und fein schneiden.

❸ Den Reis mit einer Gabel auflockern. Restliches Öl, Granatapfelkerne, Mandeln und Petersilie unterrühren. Mit Salz abschmecken.

TIPP

Der Safranreis schmeckt auch toll mit Mandarinen- oder Orangenstücken statt Granatapfel.

Schwarzwurzeln mit Ziegenkäse

Etwas Besonderes

- 2 Bund Schwarzwurzeln (ca. 1 kg)
- Saft von 1 Zitrone
- 3 EL Butter
- Meersalz
- schwarzer Pfeffer, frisch gemahlen
- 1 Knoblauchzehe
- 3 Lorbeerblätter
- 1 Bund Schnittlauch
- 4 EL Olivenöl
- 3 EL Haselnusskerne
- 150 g Ziegenfrischkäse

☆ Für 4 Portionen

⏱ Zubereitungszeit: 40 Min.

⊘ Pro Portion: 425 kcal;
41 g F, 7 g E, 7 g KH

❶ Schwarzwurzeln schälen, waschen, der Länge nach und quer halbieren und sofort in eine Schüssel mit kaltem Wasser und Zitronensaft geben. Beim Schälen Einweghandschuhe tragen, da die Schwarzwurzeln klebrigen Milchsaft absondern.

❷ Den Boden einer breiten Pfanne dick mit 2 EL Butter einstreichen und die Schwarzwurzeln mit der Schnittfläche nach unten hineinlegen. So viel Wasser zugeben, bis das Gemüse zu zwei Dritteln bedeckt ist.

❸ Schwarzwurzeln mit Salz und Pfeffer würzen. Die Knoblauchzehe leicht andrücken. Knoblauch und Lorbeerblätter hinzufügen. Mit passend zurechtgeschnittenem Backpapier (in der Mitte ein kleines Loch) bedecken und zum Kochen bringen. Das Gemüse solange dünsten, bis die Flüssigkeit vollständig verkocht ist und die Schwarzwurzeln goldbraun sind.

❹ Schnittlauch waschen und grob zerkleinern. Schnittlauch und Olivenöl pürieren. Haselnüsse grob hacken und in 1 EL Butter goldbraun rösten. Die Schwarzwurzeln mit dem Ziegenkäse, den Haselnüssen und dem Schnittlauchöl anrichten.

TIPP

Übrig gebliebene Schwarzwurzeln lassen sich sehr gut mit einem Zitronen-Olivenöl-Dressing als Salat anmachen.

Falafel mit Tahinsoße

Klassiker

- 250 g getrocknete Kichererbsen
- 10 Stängel glatte Petersilie
- 1 Zwiebel
- 2 Knoblauchzehen
- 1 TL Backpulver
- ½ TL Kreuzkümmel, gemahlen
- je ½ TL Zimt und Koriander, gemahlen
- 2 EL Mehl
- Meersalz
- 2 EL Tahin (Sesammus)
- 300 g Joghurt
- 1 l Frittierfett (Bratöl)

☆ Für 4 Portionen

⏱ Zubereitungszeit: 1 Std. + 8 Std. Einweichzeit

⊘ Pro Portion: 515 kcal; 28 g F, 26 g E, 40 g KH

❶ Kichererbsen über Nacht in Wasser einweichen. Petersilie waschen, zupfen und klein schneiden. Zwiebel würfeln, Knoblauch pressen. Zwiebel, Knoblauch, Kichererbsen und Petersilie in einem Blitzhacker feinstückig pürieren.

❷ Backpulver mit 3 EL Wasser verrühren. Mit Gewürzen, Mehl und 1 TL Salz unter die Kichererbsen mischen und die Mischung 1 Stunde kalt stellen.

❸ Tahin mit Joghurt verrühren. Evtl. mit Salz würzen. In einem breiten hohen Topf Fett auf 175 °C erhitzen. (Holzstäbchen hineinhalten: Steigen Bläschen daran auf, ist das Fett heiß genug). Aus der Falafelmasse mithilfe eines Eisportionierers oder eines Löffels 12 Bällchen à 25 g formen und diese leicht flach zusammendrücken.

❹ Die Falafel portionsweise im heißen Fett 4–5 Minuten frittieren. Sollten die Falafelbällchen beim Frittieren zerfallen, noch etwas Mehl unter den Teig kneten. Mit einer Schaumkelle herausnehmen und sofort mit der Sesamsoße servieren.

TIPP

Mit Sojajoghurt ist das Rezept vegan.

Linsen mit Spätzle

Schwäbisch

- 250 g braune Tellerlinsen
- 400 g Räuchertofu
- 1 Zwiebel
- 3 EL Butter
- 1 TL Tomatenmark
- 1 Lorbeerblatt
- 800 ml Gemüsebrühe
- 180 g Karotten
- 150 g Staudensellerie
- 5 EL Rotweinessig
- Meersalz
- schwarzer Pfeffer, frisch gemahlen
- 2 EL Öl zum Braten
- Senf und Spätzle zum Servieren

❶ Linsen über Nacht einweichen. 100 g Tofu fein würfeln, restlichen Tofu in 8 mm dicke Scheiben schneiden. Zwiebel würfeln und in 1 EL Butter glasig dünsten. Abgetropfte Linsen, Tomatenmark, Lorbeer, Tofuwürfelchen und Brühe zugeben. Aufkochen und bei mittlerer Hitze 20 Minuten köcheln.

❷ Karotten und Sellerie schälen und fein würfeln, mit dem Essig zu den Linsen geben und 10–15 Minuten köcheln lassen. Restliche Butter unterrühren. Mit Salz und Pfeffer kräftig würzen. Warm halten.

❸ Öl in einer beschichteten Pfanne erhitzen. Tofuscheiben darin von beiden Seiten kurz kräftig anbraten und mit den Linsen anrichten. Dazu Senf und Spätzle servieren.

☆ Für 4 Portionen

🕒 Zubereitungszeit: 50 Min. + 8 Std. Einweichzeit

⊘ Pro Portion (ohne Spätzle): 455 kcal; 19 g F, 33 g E, 36 g KH

Zwiebelbaguette-Auflauf mit Apfel und Wirsing

Einfach

- 2 Zwiebeln
- 2 Knoblauchzehen
- 400 g Wirsing
- 2 Zweige Rosmarin
- 6 Thymianzweige
- 1 säuerlicher Apfel
- 2 EL Zitronensaft
- 3 EL Olivenöl
- 1 Zwiebelbaguette
- 200 g Sahne
- 100 ml Gemüsebrühe
- 4 Eier (M)
- Meersalz
- schwarzer Pfeffer, frisch gemahlen

☆ Für 4 Portionen

⏱ Zubereitungszeit: 20 Min. + 40 Min. Garzeit

⊘ Pro Portion: 465 kcal; 33 g F, 16 g E, 26 g KH

❶ Zwiebeln und Knoblauch klein schneiden. Wirsing waschen, vierteln, den Strunk herausschneiden und den Wirsing in dünne Streifen schneiden. Rosmarinnadeln und Thymianblätter abzupfen. Apfel waschen, entkernen und in dünne Scheiben schneiden. Apfelscheiben mit dem Zitronensaft und 5 EL kaltem Wasser vermengen.

❷ Olivenöl in einer Pfanne erhitzen. Zwiebel, Knoblauch und Wirsing darin bei scharfer Hitze ca. 3 Minuten unter ständigem Rühren anbraten. Danach in eine Auflaufform (ca. 25 × 25 cm) mit den Apfelscheiben geben. Zwiebelbaguette in ca. 10 × 2 cm lange Stifte schneiden und auf das Gemüse legen.

❸ Sahne und Brühe mit den Eiern verquirlen, mit Salz und Pfeffer würzen und in den Auflauf gießen. Die Kräuter darüber streuen.

❹ Den Auflauf in den auf 180 °C (Umluft 160 °C) vorgeheizten Ofen geben und ca. 10 Minuten backen. Anschließend abdecken und weitere 25 Minuten zu Ende backen.

Zitronencassata

Etwas Besonderes

- 100 g gehobelte Mandeln
- 190 g feiner Rohrohrzucker
- 80 g Zitronat
- 60 g Orangeat
- 500 g Sahne
- 20 g Honig
- 60 g Eiweiß
- Kirschen aus dem Glas zum Dekorieren
- kandierte Zitronenschale nach Geschmack

☆ Für 1 Terrinenform mit 1 l Inhalt

🕒 Zubereitungszeit: 60 Min. + 4 Std. Gefrierzeit

⊘ Pro Portion (bei 10 Stücken) 340 kcal; 21 g F, 4 g E, 35 g KH

❶ Mandeln im Backofen bei 160 °C 4 Minuten rösten. 120 g Zucker in einem Topf (ohne rühren) erhitzen, bis er bernsteinfarben ist. Dann die Mandeln hinzufügen und unter Rühren karamellisieren lassen. Auf Backpapier geben, gleichmäßig verteilen, abkühlen lassen und hacken.

❷ Zitronat und Orangeat fein hacken. Die Sahne steif schlagen und kalt stellen.

❸ Restlichen Zucker und Honig mit 50 ml Wasser aufkochen, 5–7 Minuten kochen, bis der Zucker wie ein Faden vom Löffel fließt. Eiweiß in einer Schüssel halbfest schlagen. Schüssel in ein kaltes Wasserbad stellen. Gekochten Zucker auf einmal unter Rühren in den Eischnee gießen und so lange schlagen, bis die Masse abgekühlt ist.

❹ Mandeln und kandierte Früchte unterziehen. Sahne behutsam unterheben. Masse in eine mit Klarsichtfolie ausgelegte Form gießen. Zitronencassata mindestens 4 Stunden in den Tiefkühler stellen. Ein paar Kirschen abtropfen lassen und tiefgefrieren.

❺ Cassata mit tiefgekühlten Kirschen und mit kandierten Zitronenschalen dekorieren.

Ausgebackene Bananen

Gehaltvoll

- 1 Ei
- 200 g Mehl Type 550
- 1 Prise Backpulver
- 70 ml Mineralwasser
- 200 g Zartbitter-
  schokolade
- 1 TL Sesamsaat
- 1 Prise Meersalz
- 2 Bananen
- 250 ml neutrales Öl zum
  Ausbacken (Bratöl)
- 50 g Puderzucker

☆ Für 4 Portionen

◴ Zubereitungszeit: 30 Min.

⊘ Pro Portion 650 kcal;
   31 g F, 11 g E, 81 g KH

❶ Das Ei trennen. Eigelb mit 100 g Mehl, Backpulver und Mineralwasser mit einem Schneebesen zu einem glatten Teig verrühren und 10 Minuten quellen lassen.

❷ Schokolade hacken und im Wasserbad bei mittlerer Temperatur schmelzen. Sesam ohne Fett hellbraun rösten.

❸ Eiweiß mit Salz steif schlagen und unter den Teig ziehen.

❹ Die Bananen schälen und quer halbieren. Jede Hälfte in vier längliche Spalten schneiden und im restlichen Mehl wenden.

❺ Das Öl in einem hohen Topf erhitzen. Bananenstücke durch den Backteig ziehen und portionsweise im heißen Fett ca. 2 Minuten goldbraun und knusprig ausbacken. Mit einer Schaumkelle aus dem Öl heben und zum Entfetten auf Küchenpapier setzen. Die frittierten Bananen mit Puderzucker bestäuben.

❻ Die flüssige Schokolade in kleine Schälchen füllen und mit Sesam bestreuen. Zusammen mit den warmen Bananen servieren.

Weihnachtsschokolade

Raffiniert

- 50 g Haselnüsse
- 70 g Puderzucker
- 50 g Pecannüsse
- 200 g Zartbitterkuvertüre
- 200 g Vollmilchkuvertüre
- ½ TL Zimt, gemahlen
- 5 Tropfen Orangenöl
- 1 TL fein abgeriebene Orangenschale
- 30 g Orangeat

☆ 6 Bruchstücke à 100 g

⏲ Zubereitungszeit: ca. 30 Min. + 3 Std. Kühlzeit

⊘ Pro 100 g: 440 kcal; 11 g E, 16 g F, 60 g KH

❶ Die Haselnüsse in einer Pfanne ohne Fett rösten, bis die Haut beginnt, sich zu lösen. Nüsse in ein Küchentuch geben und die Haut abreiben. Die Pfanne säubern, den Puderzucker hineingeben und vorsichtig darin erhitzen, bis er karamellisiert. Hasel- und Pecannüsse zugeben und mit einem Holzkochlöffel im Karamell wenden. Den Inhalt der Pfanne auf ein Backpapier gießen und die Nüsse mit dem Löffel voneinander trennen.

❷ Den Boden einer Auflaufform mit Backpapier auslegen. Beide Kuvertüresorten grob hacken. ⅔ davon über dem Wasserbad schmelzen. Restliche Kuvertüre noch feiner hacken. Geschmolzene Kuvertüre vom Wasserbad nehmen und die fein gehackten Stücke, Zimt, Orangenöl und Orangenabrieb unterrühren.

❸ Kuvertüre in die Auflaufform gießen und durch Schwenken darin gleichmäßig verteilen. Ausgekühlte Nüsse und gehacktes Orangeat gleichmäßig darauf verteilen. Abkühlen lassen.

Rezepte schnell finden

Fotografen und Rezeptautoren

Coverfoto: Ludmilla Parsyak
Einleitung & Kapitelaufmacher
bio verlag: S. 12
Ralf Bürglin: S. 11 r.
Ulrich Hoppe: S. 152/153
hfuchs / Shutterstock.com: S. 18
Monika Lang / bio verlag: S. 6, 9, 10, 13
Biggi Möhrle: S. 15
Peter Roggenthin / bio verlag: S. 17
StockFood / Gräfe & Unzer Verlag / Schardt, Wolfgang: S. 21
StockFood / Gräfe & Unzer Verlag / Rynio, Jörn: S. 22/23, 66/67, 110/111
Frank O. Stürmer: S. 11 l.

Rezeptfotos
Maria Grossmann: S. 138
Maria Grossmann und Monika Schuerle: S. 70, 72, 74, 78, 80, 84, 88, 90, 96, 98, 100, 102, 108, 112, 120, 122, 128, 134, 140, 166, 170, 174, 184
Ulrich Hoppe: S. 24, 36, 38, 42, 44, 48, 50, 60, 64, 76, 104, 106, 114, 118, 126, 132, 176, 178, 180
Monika Schuerle: S. 26, 34, 52, 62, 82, 94, 142, 144, 146, 168, 182
Thorsten Suedfels: S. 28, 30, 32, 40, 46, 54, 56, 58, 68, 86, 92, 116, 124, 130, 136, 148, 150, 154, 156, 158, 160, 162, 164, 172, 186

Rezepttexte
Adam Koor: S. 51, 65, 77, 119, 127, 133, 181
Susanne Walter: S. 27, 35, 53, 63, 71, 73, 79, 81, 83, 85, 91, 95, 97, 99, 101, 103, 113, 121, 123, 129, 135, 139, 141, 143, 145, 147, 167, 169, 171, 175, 183, 185
Anne Katrin Weber: S. 75, 89, 109
Pia Westermann: S. 25, 29, 31, 33, 37, 39, 41, 43, 45, 47, 49, 55, 57, 59, 61, 69, 87, 93, 105, 107, 115, 117, 125, 131, 137, 149, 151, 155, 157, 159, 161, 163, 165, 173, 177, 179, 187

Impressum

Die in diesem Buch enthaltenen Empfehlungen und Angaben sind mit größter Sorgfalt zusammengestellt und geprüft worden. Eine Garantie für die Richtigkeit der Angaben kann aber nicht gegeben werden. Autoren und Verlag übernehmen keine Haftung für Schäden und Unfälle. Bitte setzen Sie bei der Anwendung der in diesem Buch enthaltenen Empfehlungen Ihr persönliches Urteilsvermögen ein. Der Verlag Eugen Ulmer ist nicht verantwortlich für die Inhalte der im Buch genannten Websites.

Bibliografische Information der Deutschen Nationalbibliothek
Die Deutsche Nationalbibliothek verzeichnet diese Publikation in der Deutschen Nationalbibliografie; detaillierte bibliografische Daten sind im Internet über http://dnb.d-nb.de abrufbar.

© 2016 Eugen Ulmer KG
Wollgrasweg 41,
70599 Stuttgart (Hohenheim)
E-Mail: info@ulmer.de
Internet: www.ulmer-verlag.de

Text, Redaktion und Bildredaktion:
Schrot&Korn
Lektorat:
Antje Munk, Anja Fleischhauer
Herstellung: Martina Gronau

Umschlagentwurf:
Dittus Design, Esslingen
Layout und Satz:
Antje Warnecke, nordendesign.de
Reproduktionen:
timeRay Visualisierungen, Herrenberg
Druck und Bindung:
GGP Media GmbH, Pößneck
Printed in Germany
Papier:
Circle Preprint Premium White. Dieses Papier ist FSC-zertifiziert und ausgezeichnet mit dem Blauen Umweltengel und dem EU Ecolabel. Es wurde zu 100 % aus Altpapier recycelt.

ISBN 978-3-8001-0826-8